Werner Bätzing | Martin Kluger | Sophia Heine u.a.

KÜHE. MENSCHEN. BERGE.

Die 46 Alpen von Bad Hindelang im Allgäu. Immaterielles Kulturerbe in Bayern

Hrsg. Marktgemeinde Bad Hindelang | context verlag Augsburg

INHALT

Was ist eine Alpe? Eine Einführung von Werner Bätzing

ZUR BEDEUTUNG DER ALPWIRTSCHAFT FÜR BAD HINDELANG – UND FÜR DIE ALPEN

Auf dem Gebiet der Marktgemeinde Bad Hindelang bestehen im Jahr 2018 exakt 46 Alpen: Sie machen 56 Prozent der Gemeindefläche aus und stellen die größte zusammenhängende Alpfläche in den bayerischen Alpen dar. Weil diese Alpen für die Gemeinde und für die Alpen insgesamt so wichtig sind, soll ihre vielfältige Bedeutung in diesem Buch – das sämtliche 46 Alpen porträtiert – ausführlich dargestellt werden.

WAS SIND ALPEN?

Alpen sind hoch gelegene Weideflächen im Gebirge, die wegen der Höhenlage nur im Sommer genutzt werden und deren Nutzung durch die Bauern der benachbarten Täler erfolgt. Im alemannischen Sprachraum werden sie „Alp", im bairischen Sprachraum „Alm" genannt. Dieses Wort ist im gesamten Alpenraum verbreitet, es hat einen vorrömischen Ursprung und es gilt als wahrscheinlich, dass der Name für das gesamte Gebirge vom Namen für diese Hochweiden abgeleitet wurde.

Eigentlich stellen diese Alpflächen die Allmende – das gemeinschaftlich genutzte Eigentum eines Dorfes – dar: Überall in Europa entstehen ab dem Jahr 1000 nach Christus Bauerndörfer, in deren direkter Nähe die Ackerflächen liegen, die in Privatbesitz sind und auf arbeitsintensive Weise bewirtschaftet werden. Jenseits dieser Ackerflächen gehört der Boden allen Bauernfamilien des Dorfes gemeinsam: Er wird – teils im Wald, teils auf gerodeten Flächen – als Viehweide genutzt, wobei einige Hirten das gesamte Vieh des Dorfes gemeinsam hüten.

Die Alpen sind die Allmendeflächen im Gebirge, nur dass sie nicht „hinten", sondern „oben" liegen. Da es aber wegen der großen vertikalen Höhenunterschiede im Gebirge nicht möglich ist, dass die Hirten die Tiere wie im Flachland am Abend wieder ins Dorf treiben, haben sich bei den Alpen besondere Eigenschaften herausgebildet: Es gibt eigenständige Bewirtschaftungsformen, die getrennt von den zugehörigen Bauernhöfen ablaufen. Es gibt spezifische rechtliche Verhältnisse. Und es gibt eigenes Alppersonal (das früher traditionsgemäß entweder aus männlichen, für die Alpzeit angestellten Spezialisten oder aus weiblichen Familienmitgliedern bestand), das den gesamten Sommer auf der Alpe verbringt.

Es hat sich eingebürgert, nur solche Hochweideflächen als Alpe zu bezeichnen, deren Nutzungsrechte bei den benachbarten Bauern beziehungsweise Dörfern liegen, wo die Tiere im Stall überwintern. Wenn die Tiere im Sommer auf der Alpe grasen, den Winter aber außerhalb der Alpen im Flachland im Freien verbringen und angestellte Hirten die Tiere betreuen, spricht man von Transhumanz (in den Südwest- und Südalpen häufig). Wenn die ganze Familie mit ihren Tieren den Sommer auf den Hochweiden im Gebirge und den Winter auf Weiden im Flachland außerhalb des Gebirges verbringt, spricht man von Bergnomadismus (der nicht in den Alpen, aber in vielen vorderasiatischen Gebirgen zu finden ist).

ZUR BEDEUTUNG DER ALPE FÜR DAS LEBEN IM GEBIRGE

Die Alpen sind ein junges Hochgebirge, dessen Gebirgsbildung noch nicht abgeschlossen ist. Typisch für ein derartiges Hochgebirge ist es, dass tief liegende, siedlungs- und nutzungsgünstige Tallagen ziemlich klein sind, wohingegen die hoch gelegenen Teile des Gebirges sehr große Flächen einnehmen. In den oberen Gebirgsstockwerken finden sich häufig große

Am 30. Mai 2016 verlieh der damalige bayerische Finanz- und Heimatminister Dr. Markus Söder der hochalpinen Alpwirtschaft in der Marktgemeinde Bad Hindelang den Schwäbischen Heimatpreis.

Verebnungsflächen, die im Naturzustand von Wald, von alpinem Rasen oder von Gletschern bedeckt sind.

Die Landwirtschaft im Gebirge ist also durch den Nachteil geprägt, dass die günstigsten Flächen um den Hof herum meist sehr klein sind. Würde man sich allein auf diese Flächen beschränken, dann wäre in den Alpen nur Platz für wenige Höfe, und es hätten sich kaum irgendwo größere Bauerndörfer ausbilden können. Archäologische Funde zeigen, dass sich schon die frühen Bauern nicht auf die Tallagen beschränkten, sondern die hoch gelegenen Teile des Gebirges in ihre Landwirtschaft bereits miteinbezogen. Dabei wurde der arbeitsintensive Ackerbau auf tiefe und warme Tallagen in Hofnähe konzentriert, während die eher arbeitsextensive Viehwirtschaft auf hoch gelegene Verebnungsflächen ausgelagert wurde.

In der Anfangszeit, also im 5. und 4. Jahrtausend vor Christus, wurden dazu die von Natur aus waldfreien Rasenflächen oberhalb der Waldgrenze genutzt, später wurden dann die Weideflächen durch Waldrodungen nach unten hin vergrößert. Ab dem Hohen Mittelalter, beginnend um 1000 nach Christus, wurden überall in den Alpen die Alpflächen durch Rodungen noch einmal erheblich erweitert. Im 19. Jahrhundert machte die Alpfläche in den randalpinen Gebirgsgruppen und im östlichen Teil der Ostalpen etwa 20 Prozent der Gesamtfläche aus. Sie wuchs zum Alpeninneren hin und umfasste im Kern der Alpen teilweise sehr große Alpflächen (größer als 25 km^2 und mit mehr als 1000 Metern Höhendifferenz). 1870 umfassten 35 000 Alpen in den Alpen etwa ein Drittel der Fläche dieser Gebirgslandschaft: Dies zeigt eindrucksvoll ihre Bedeutung. Seither wurde aber eine Reihe von schlecht erreichbaren und wenig ertragreichen Alpen wieder aufgegeben, wodurch deren Flächen meist verbuschten oder verwaldeten. Der Gegensatz zwischen den kleinen Gunstflächen im Tal und den großen Alpflächen in der Höhe ist also ein zentrales Charakteristikum der Landwirtschaft und des Lebens im Alpenraum.

Damit eng verbunden ist ihr zweites Charakteristikum: die Stafelwirtschaft. Weil sich die landwirtschaftlichen Nutzflächen über alle Höhenstufen vom Talboden bis zum Bereich der Gipfel beziehungsweise Gletscher erstrecken, ist ihre Nutzung stark von der Schneeschmelze respektive den Jahreszeiten geprägt, also zeitlich und räumlich gestaffelt. Dies ist der zentrale Unterschied zur Landwirtschaft im Flachland. Die oft von Anfang Juni bis Ende September bewirtschafteten Alpen sind der sichtbarste Ausdruck der Stafelwirtschaft, die auch Menschen auffällt, die das Gebirge sonst gar nicht kennen. Die zeitlich gestaffelte Form der Bewirtschaftung betrifft auch die Alpe selbst: Alle größeren Alpen sind in mehrere Nutzungsstockwerke – sogenannte Alpstafeln – unterteilt, die nacheinander bewirtschaftet werden und die in der Regel unterschiedliche Namen tragen (Nieder-, Mittel-, Hochalpe).

Die Alpwirtschaft stellt also das zentrale Charakteristikum der Berglandwirtschaft dar, durch die sie sich sehr deutlich von der Landwirtschaft im Flachland unterscheidet. Ohne sie hätte die Landwirtschaft in den Alpen nur eine äußerst bescheidene Existenzgrundlage.

ALPEN ALS KULTURLANDSCHAFTEN

Der Großteil der heutigen Alpflächen wurde erst durch Waldrodungen gewonnen. Nur die höchsten Alpflächen sind von Natur aus waldfrei, aber die jahrhundertelange Beweidung hat dafür gesorgt, dass zwar keine Arten verschwunden sind, dass sich aber die Vegetationszusammensetzung gegenüber dem Naturzustand deutlich geändert hat. Deshalb sind Alpen keine Natur-, sondern Kulturlandschaften – also Landschaften, die der Mensch mehr oder weniger stark umgestaltet hat. Da Kulturlandschaften nicht aus sich heraus ökologisch stabil sind, müssen sie vom Menschen permanent gepflegt und stabilisiert werden. Das einschlägige Erfahrungswissen lässt sich in fünf Strategien zusammenfassen:

1. Nicht alle Hänge dürfen zum Zweck der Viehweide gerodet werden: Auf besonders steilen Hängen muss der Wald als Lawinen- und Erosionsschutz stehen bleiben.

2. Großen Naturgefahren muss man systematisch ausweichen: In Lawinen- oder Steinschlaggebieten oder direkt am Rand von Bächen mit regelmäßigen Überschwemmungen dürfen keine Alpgebäude errichtet werden.

3. Um pfleglich mit der vorhandenen Vegetation umzugehen, müssen die Hirten die zahllosen, teilweise sehr kleinräumigen Unterschiede auf der Alpe – steile wie flache Hänge, Flächen mit viel oder wenig Humus, sonnige oder schattige Gebiete sowie feuchtere oder trockenere Stellen – beim Weidegang des Viehs sehr genau berücksichtigen.

4. Damit sich die Vegetation mit der Nutzung gut regenerieren kann, ist das richtige Maß entscheidend: Es dürfen weder zu viele Tiere aufgetrieben werden (dann würden diese alles kahl fressen und die Vegetation könnte nicht mehr nachwachsen) noch zu wenige Tiere (denn dann würden diese selektiv nur die besten Futterkräuter fressen, die Alpe würde schnell verunkrauten und verbuschen). Ebenso darf die Weidezeit weder zu kurz noch zu lang dauern: Es ist wichtig, den richtigen Auf- und Abtriebstermin zu kennen.

5. Zusätzlich ist es wichtig, eine große Menge an Pflege- und Reparaturarbeiten zu erledigen: Nach der Schneeschmelze müssen Schnee- und Lawinenschäden beseitigt, Steine und Äste weggeräumt und Zäune neu errichtet werden. Im Lauf des Sommers müssen aufkommende Sträucher und Bäume gerodet (geschwendet) werden. Und nach jedem Gewitter sind neue Schäden sofort zu reparieren, ehe sie größer werden.

Die Menschen, die Alpen nicht kennen, haben oft den Eindruck, bei der Alpwirtschaft würde man die Tiere einfach in der Natur weiden lassen und die Hirten würden im Gras liegend dazu Flöte spielen. Dieser Eindruck ist völlig falsch: Alpen sind Kulturlandschaften, und ihre Nutzung erfordert sehr viel Erfahrungswissen und zusätzlichen Pflegeaufwand.

Wenn eine Alpe unter Berücksichtigung dieser fünf Strategien genutzt wird, führt dies dazu, dass sie über Jahrhunderte hinweg ökologisch stabil und produktiv bleibt und gute Erträge

Die Alpwirtschaft zeichnet sich, insbesondere in hochalpinen Lagen wie im Obertal, durch jahrhundertelang praktizierte Nachhaltigkeit aus.

bringt. Dies wird heute üblicherweise mit dem Begriff „nachhaltig" bezeichnet: Alpwirtschaft steht exemplarisch für ein nachhaltiges Wirtschaften.

Da das Vieh auf den Alpen meist von vielen verschiedenen Bauern stammt, hat es sich früh – oft noch im Mittelalter – eingebürgert, die „richtige" Form der Alpnutzung in Form einer Alpsatzung oder eines Alpbriefes schriftlich zu fixieren und dies auch regelmäßig zu überprüfen. Diese Alpsatzungen stellen heute wertvolle Dokumente dar: Sie belegen, dass die nachhaltige Alpnutzung kein Zufallsprodukt, sondern das Ergebnis einer sehr genauen Naturbeobachtung und einer langen Erfahrungsgeschichte ist.

NUTZUNGS- UND EIGENTUMSSTRUKTUREN

Alpen werden in der Regel in Kuh- oder Sennalpen (Milchkühe mit Käseproduktion auf der Alpe), in Galtalpen (von mittelhochdeutsch „galt" = trocken; also Rinder oder auch Jungtiere, die noch keine Milch geben) und in Schafalpen unterteilt. Dabei liegen die Kuhalpen am niedrigsten, die Galtalpen darüber und die Schafalpen am höchsten. Daneben gab es früher auch noch gesonderte Pferde-, Ochsen-, Stier- und Ziegenalpen, aber diese sind heute meist verschwunden.

Die Eigentumsverhältnisse der Alpen sind sehr vielfältig – Eigentümer können der Staat, die Gemeinde, eine Genossenschaft oder eine Privatperson sein. Die Situation wird dadurch sehr kompliziert, dass Eigentums- und Nutzungsstrukturen in der Regel nicht identisch sind. Die wichtigsten Nutzungsformen sind:

1. Einzelalpung auf Gemeinschafts- oder Genossenschaftsalpen: Jede Bauernfamilie betreut ihr Vieh für sich, macht ihren Käse allein und verfügt über ein privates Alpgebäude auf gemeinschaftlichem Boden. Dadurch entstehen teilweise größere Alpdörfer.

2. Genossenschaftsalpung: Die Alpberechtigten stellen Personal ein, das alle Tiere gemeinsam betreut und auch die Käseherstellung übernimmt.

Der Viehscheid am Ende des jährlichen Alpabtriebs in Bad Hindelang fand 2018 – schriftlich belegt – zum 225. Mal statt.

3. Einzelalpung auf Privatalpen durch die Familie des Eigentümers oder auf Servitutsalpen (also mittels Übertragung von Nutzungsrechten) durch die Familie des Alpberechtigten.

Die Vielfalt der Eigentums- und Nutzungsverhältnisse, die hier nur angedeutet werden kann, hat in der Vergangenheit eine wichtige Rolle gespielt. Sie sind heute oft nur noch den direkt Betroffenen bekannt und geraten in der lokalen und regionalen Öffentlichkeit immer mehr in Vergessenheit.

DIE BEDEUTUNG DER ALPE IM BRAUCHTUM

Das Leben auf einer Alpe wurde seit dem 19. Jahrhundert von Touristen oft verklärt („Auf der Alm, da gibt's koa Sünd"). Betrachtet man die Situation dagegen mit den Augen eines Volkskundlers, dann kann man feststellen: Überall dort, wo die Alpwirtschaft im Rahmen der Familie ausgeführt wurde, wurden Frauen auf die Alpe geschickt, da Milchverarbeitung auf allen Bauernhöfen traditionell in den weiblichen Arbeits- und Zuständigkeitsbereich fiel. Im Gegensatz zum Alltagsleben im Dorf, das von einer starken sozialen Kontrolle geprägt war, erschien diesen Frauen das Leben auf der Alpe als relativ frei und unkontrolliert, besonders im Falle der Einzelalpung. Da die Frauen auf dem Hof ein großes Arbeitspensum zu bewältigen hatten, bedeutete der Alltag auf der Alpe für sie oft eine gewisse Arbeitserleichterung. Beide Aspekte waren später die Grundlage dafür, das Alpleben zu verklären.

War das Alppersonal hingegen angestellt, verrichteten ausschließlich Männer die Arbeit. Dieses Phänomen entwickelte sich allerdings erst im 13./14. Jahrhundert in den Schweizer Alpen in Verbindung mit der Umstellung der Käseproduktion auf Hartkäse, der zu hohen Preisen exportiert wurde. Damals lachte halb Europa darüber, dass auf den Alpen der Schweiz Männer „weibische" Arbeit erledigten. Im 18. Jahrhundert gelangte diese Innovation auch ins Allgäu, aber bis zum Beginn des 20. Jahrhunderts gab es in den Alpen noch viele Gebiete, die diese Form der Käseproduktion nicht kannten. Erst seit jüngerer Zeit arbeiten angestellte Frauen auf den Alpen.

Mit der Alpwirtschaft verbinden sich wichtige kulturelle Ereignisse, die oft Höhepunkte im bäuerlichen Jahreslauf sind:

- der festliche Alpauftrieb und/oder Alpabtrieb, der jedoch nur durchgeführt wird, wenn es während des Alpsommers kein Unglück gab
- der Viehscheid am Ende des Alpabtriebs (das Vieh wird nach Eigentümern „geschieden")
- die großen Kuhkämpfe zu Beginn der Alpzeit (nur auf Alpen im Wallis, im Aostatal und in Savoyen)
- die sogenannten Milchmesstage, an denen in der Mitte der Alpzeit unter Anwesenheit aller Bauern genau gemessen wurde, wie viel Milch jede einzelne Kuh gab (als Grundlage für die spätere Verteilung des Alpkäses)
- die Alpsegnungen durch einen Priester zur Abwehr von Unglück, Krankheiten usw.

Vieles von diesem alpspezifischen Brauchtum ist zwar inzwischen verschwunden. Aber das, was sich erhalten hat, spielt heute für die lokale und regionale Identität oft eine wichtige Rolle. Allerdings gibt es hier und da auch fragwürdige Versuche, dieses Alpbrauchtum für die Tourismuswerbung zu instrumentalisieren, indem zum Beispiel ein Alpabtrieb mit denselben Tieren mehrmals im Herbst durchgeführt wird, um dadurch mehr Gäste anzuziehen.

Mit den Alpen sind überall zahlreiche Sagen verbunden. Die wichtigste Alpsage, die fast im gesamten Alpenraum verbreitet ist, ist die Blümlisalpsage: Ein Senn auf einer großen, sehr ertragreichen Alpe im Hochgebirge verweigert einem Bettler eine Milchsuppe und verjagt ihn von der Alpe, woraufhin dieser den Senn und die Alpe verflucht. In der folgenden Nacht bricht vom benachbarten Gletscher eine große Eismasse ab und bedeckt die Alpe bis heute meterhoch mit Eis. Diese Sage kann man mit aller Vorsicht mit der Klimaverschlechterung in der „Kleinen Eiszeit" in Verbindung bringen, in deren Verlauf sämtliche Alpengletscher stark wuchsen und viele ehemalige Alpweiden unter Eis verschwanden.

Ein Kleinhirte auf der Stierbachalpe: Touristen empfinden derartige Szenen nicht selten als idealisierten Gegensatz zum eigenen Alltag. Die einheimischen Älpler leben in ihrer Vorstellungswelt quasi als „glückliche Wilde" im Einklang mit unberührter Natur.

Auch im kulturellen Bereich und beim Brauchtum besitzen die Alpen eine eigenständige Bedeutung. Zusammen mit den spezifischen Eigentums- und Nutzungsverhältnissen und den in den Alpsatzungen festgelegten Bewirtschaftungsformen stellten sie eine besondere Welt dar, die das Leben und Wirtschaften im Tal überproportional stark prägt.

DIE ALPEN, DER TOURISMUS UND DER NATURSCHUTZ

Im Tourismus hat die Alpe früh eine besondere Rolle gespielt: Städtisch geprägte Besucher aus industriellen Zentren suchten am Ende des 19. Jahrhunderts eine Gegenwelt zu ihrem Alltag, also eine nicht vom Menschen zerstörte Natur, in der die Einheimischen als „glückliche Wilde" noch im Einklang mit der Natur leben würden. Dieses irreale Bild glaubten sie auf den Alpen viel besser als in den Dörfern der Alpentäler zu finden, weil sie die Alpe nicht als menschlich geprägte Kulturlandschaft und die Tätigkeiten auf der Alpe nicht als Arbeit wahrnahmen. Da diese Sichtweise heute noch immer nicht ganz verschwunden ist, hat die Alpe im Tourismus stets eine besondere Bedeutung.

Deswegen sind heute viele Alpen mit einer Berg- oder Seilbahn erreichbar, und es gibt dort inzwischen viele Hotels, Skigebiete, Golfplätze oder Vergnügungsparks. Auf diese Weise erlebt der heutige Besucher aber keine Alpe mehr, sondern nur noch ein perfekt eingerichtetes Freizeitgetto. Allerdings gibt es auch eine wichtige Gegenbewegung. In den letzten 15 bis 20 Jahren ist die Zahl der Menschen signifikant gestiegen, die Alpen bewusst zu Fuß besuchen und die sich auch für deren spezifische Wirtschaftsform und für Alpprodukte interessieren.

Auch für den Naturschutz spielt die Alpe eine wichtige Rolle: Da die meisten Alpen bis in die 1970er-Jahre hinein nicht mit größeren Fahrzeugen erreichbar waren und Intensivierung (Düngung der Alpweiden mit Kunstdünger, zusätzliches Kraftfutter für die Tiere) und Melioration (durch Trockenlegung von Feuchtgebieten) nicht durchgeführt wurden, blieben artenreiche Alpweiden mit kleinräumigen Landschaften und zahlreichen Feuchtbiotopen sehr viel länger als im Talbereich erhalten.

Heute dagegen ist es wichtig, dass sich Alpbewirtschafter, Naturschützer, Touristen und Einheimische gemeinsam dafür engagieren, dass Alpflächen nicht (zu stark) intensiviert und melioriert werden, weil Kosten und Ertrag dabei in einem ungünstigen Verhältnis stehen und weil Artenvielfalt, landschaftliche Kleinräumigkeit und Eigenart einer Alpe sowie die Qualität der Alpprodukte darunter leiden würden.

DIE TRAGIK DER ALLMENDE

Der amerikanische Mikrobiologe Garrett Hardin (1915–2003) veröffentlichte im Jahr 1968 den Aufsatz „The Tragedy of the Commons", in dem er ein Modell dafür entwickelte, wie die gemeinsam genutzte Allmende durch ihre Nutzer allmählich zerstört wird, weil jeder seinen persönlichen Vorteil verfolgt, was zwangsläufig zur Übernutzung führt. Dieser Artikel wurde schnell berühmt und diente Wirtschaftswissenschaftlern in aller Welt als Beweis dafür, dass Gemeinschaftseigentum automatisch zu Umweltzerstörung führen würde, weshalb es besser in Privateigentum umgewandelt werden sollte.

Es ist sehr erstaunlich, dass dieser Artikel eine solche Wirkung hatte: Hardin kannte die zahlreichen konkreten Erfahrungen im Umgang mit der Allmende überhaupt nicht, und er stellte rein theoretische Überlegungen darüber an, wie der Mensch als homo oeconomicus – als individueller Nutzenmaximierer – handeln würde. Aber sein Denken passte perfekt zum liberalen Zeitgeist und wurde deshalb von denjenigen begeistert aufgenommen, die das Privateigentum und freie Märkte ohnehin stärken wollten. Die Stimmen dagegen, die darauf verwiesen, dass die Annahmen von Hardin den konkreten Erfahrungen mit der Allmende völlig widersprechen, wurden nicht gehört.

Es dauerte lange, bis eine Gegenposition wissenschaftlich akzeptiert wurde: Die amerikanische Politologin Elinor Ostrom (1933–2012) veröffentlichte 1990 das Buch „Governing the Commons", das auf materialreiche Weise die Thesen von Hardin widerlegte und dabei unter anderem Erfahrungen aus der Schweizer Alpwirtschaft auswertete. Obwohl sie dafür im Jahr 2009 den Alfred-Nobel-Gedächtnispreis für Wirtschaftswissenschaften erhielt und damit ihre Position endgültig weltweit anerkannt wurde, sind die simplen Gedanken von Garrett Hardin immer noch in vielen Köpfen vorhanden.

Jeder, der sich auch nur etwas mit der Situation der Alpwirtschaft in Bad Hindelang beschäftigt, wird feststellen, welche kulturelle Leistung es bedeutet, ein gemeinschaftliches Gut gemeinsam dauerhaft und eigenverantwortlich zu nutzen, ohne es zu zerstören. Die Tradition und das Erfahrungswissen, das damit verbunden ist, gehen in ihrer Bedeutung weit über die Alpwirtschaft hinaus. Sie betreffen (wie auch die Kontroverse Hardin kontra Ostrom zeigt) Grundsatzfragen des Zusammenlebens der Menschen – nicht nur in Bad Hindelang, im Allgäu oder in Bayern, sondern weltweit.

Darum ist es kein Zufall, dass diese bedeutende lebendige Tradition 2016 in das deutsche Register Guter Praxisbeispiele der Erhaltung Immateriellen Kulturerbes aufgenommen wurde. Zusammen mit Beispielen aus dem schweizerischen und österreichischen Verzeichnis besitzt die Alpwirtschaft der Alpen somit beim Immateriellen Kulturerbe inzwischen eine wichtige Position. Man kann damit die Hoffnung verbinden, dass diese öffentliche Aufmerksamkeit mit dazu beitragen kann, dass die Alpwirtschaft auch in Zukunft nachhaltig betrieben wird, die Artenvielfalt und die landschaftliche Vielfalt erhalten bleiben, die kulturelle Identität gestärkt wird und besondere Qualitätsprodukte erzeugt werden.

Werner Bätzing ist emeritierter Professor für Kulturgeographie am Institut für Geographie der Friedrich-Alexander-Universität Erlangen-Nürnberg und seit 2014 der Leiter des Archivs für integrative Alpenforschung.

LITERATUR

Bätzing, W. (2015): Die Alpen. Geschichte und Zukunft einer europäischen Kulturlandschaft. München.

Frödin, J. (1940): Zentraleuropas Alpwirtschaft. Zwei Bände. Oslo.

Hardin, G. (1968): The Tragedy of the Commons. In: Science 162, S. 1243–1248. Deutsch in: M. Lohmann (Hrsg.): Gefährdete Zukunft. München 1970, S. 30–48.

Ostrom, E. (1990): Governing the Commons – the Evolution of Institutions for Collective Action. Cambridge. Deutsch: Die Verfassung der Allmende – jenseits von Staat und Markt. Tübingen 1999.

Ringler, A. (2009): Almen und Alpen. Höhenkulturlandschaft der Alpen. Ökologie, Nutzung, Perspektiven. München (mit CD-ROM).

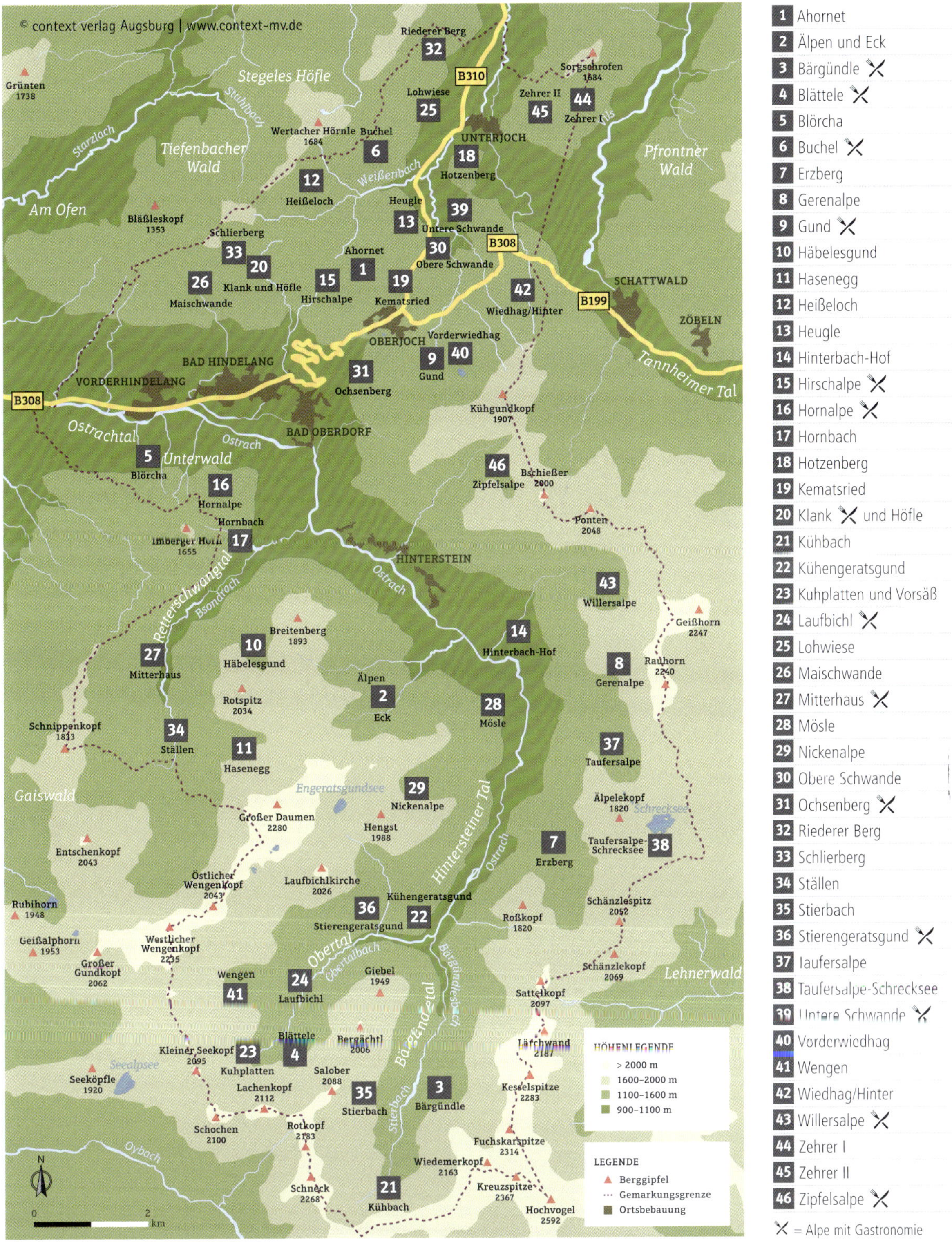

1 Ahornet
2 Älpen und Eck
3 Bärgündle ✕
4 Blättele ✕
5 Blörcha
6 Buchel ✕
7 Erzberg
8 Gerenalpe
9 Gund ✕
10 Häbelesgund
11 Hasenegg
12 Heißeloch
13 Heugle
14 Hinterbach-Hof
15 Hirschalpe ✕
16 Hornalpe ✕
17 Hornbach
18 Hotzenberg
19 Kematsried
20 Klank ✕ und Höfle
21 Kühbach
22 Kühengeratsgund
23 Kuhplatten und Vorsäß
24 Laufbichl ✕
25 Lohwiese
26 Maischwande
27 Mitterhaus ✕
28 Mösle
29 Nickenalpe
30 Obere Schwande
31 Ochsenberg ✕
32 Riederer Berg
33 Schlierberg
34 Ställen
35 Stierbach
36 Stierengeratsgund ✕
37 Taufersalpe
38 Taufersalpe-Schrecksee
39 Untere Schwande ✕
40 Vorderwiedhag
41 Wengen
42 Wiedhag/Hinter
43 Willersalpe ✕
44 Zehrer I
45 Zehrer II
46 Zipfelsalpe ✕

✕ = Alpe mit Gastronomie

ZEHN ALPEN IN UNTERJOCH

Im Hochtal und an den Berghängen zwischen Oberjoch und Unterjoch gibt es zahlreiche „Landalpen" oder besser Hofalpen: Zum Areal eines Bauernhofs gehören höher gelegene Weiden, die als Alpe dienen. Im Gegensatz zu den Hochalpen sind diese Alpen komplett im Besitz einer Landwirtsfamilie, es werden meist auch nur eigene Tiere dort gesömmert. Es zieht also der gesamte Tierbestand aus dem Kuhstall und für den Sommer über auf eine eigene Hochweide. Gemolken wird dort in der Hofhütte oder einer Melkhütte. Die Milch dieser Kuhalpen wird von der verarbeitenden Molkerei abgeholt. Alpen dieser Charakteristik sind Riederer Berg, Heugle, Hotzenberg und Lohwiese.

Auf den Landalpen Zehrer I und Zehrer II wird dagegen lediglich Jungvieh gesömmert. Es gibt aber auch in Unterjoch ein paar höher gelegene Alpen: die Alpe Heugle – eine Jungviehweide –, die Alpe Buchel und die Alpe Heißeloch. Von sämtlichen anderen Alpen auf dem Gemeindegebiet Bad Hindelangs unterscheiden sich diese acht Alpen übrigens in einem Punkt: Aus historischen Gründen liegen sie alle innerhalb der Grenzen der Gemarkung Unterjoch.

Eine junge und kleine Alpe – wo der Sommer früher beginnt als in höheren Lagen

32 RIEDERER BERG

Als 1986 das Buch des Hindelanger Chronisten Ulrich Scholl („Aus der Geschichte des Ostrachtals") erschien, in dem er sämtliche seinerzeit anerkannten Hindelanger Alpen und ihre teils jahrhundertelange Geschichte vorstellte, tauchte die Alpe Riederer Berg in seinem so detaillierten Standardwerk noch überhaupt nicht auf. Denn diese ebenso junge wie kleine Alpe wurde erst Jahre später – 2008 – als Alpe anerkannt.

Die Alpe Riederer Berg liegt unweit der Bundesstraße B310 in Richtung Wertach. Sie ist folglich die nördlichste Alpe auf dem Gebiet der Marktgemeinde Bad Hindelang, wohin das Dorf Unterjoch im Zuge der bayerischen Gebietsreform von 1972 eingemeindet wurde. Die Weideflächen dieser Alpe umfassen nur fünf Hektar. Die Eigentümerin der Alpe Riederer Berg ist Andrea Müller in Untergschwend, einem Ortsteil von Unterjoch. Zusätzlich zu den eigenen Wiesen hat sie weitere Flächen hinzugepachtet.

Auf die nur zwischen 1050 und 1130 Meter hoch gelegenen Weideflächen der Alpe Riederer Berg werden ausschließlich Rinder des Müller'schen Kemptar-Hofs – rund ein Dutzend Milchkühe – getrieben. Sie werden in der Alpsaison Tag für Tag zweimal in jenem kleinen, aus Holz erbauten Alpgebäude gemolken, das bereits der Großvater der heutigen Besitzerin im Jahr 1934 errichtet hat. Die Biomilch dieser Kuhalpe wird an die Schönegger Käsealm geliefert. Die Weiden der Alpe Riederer Berg liegen rund um die kleine Melkhütte. Von den Wiesen um den einfachen Bau genießt man die Aussicht auf den Zinken und den Sorgschrofen sowie den weiten Blick bis in das Tannheimer Tal.

Aufgrund der relativ niedrigen Lage kann der Alpsommer hier naturgemäß früher als auf den hochalpinen Flächen beginnen. Die Milchkühe der Familie Müller werden deshalb bereits im Monat Mai auf die Weide getrieben. Ein weiterer Vorteil bei der Viehhaltung: Die nicht sonderlich steilen Berghänge der Alpe Riederer Berg sind für die Tiere nicht sehr unfallträchtig. Für die Milchkühe endet die Alpsaison hier bereits im August. Danach dient die Alpe Riederer Berg allerdings noch einigen Jungrindern des Bauernhofs in Untergschwend als Nachweide. Einen Viehscheid gibt es auf dieser Alpe naturgemäß nicht.

Alpname:	Riederer Berg
Alptyp:	Kuhalpe
Erste urkundliche Erwähnung:	nicht bekannt
Jahr der Alpanerkennung:	2008
Lage:	westlich über Unterjoch-Untergschwend
Eigentümerin/Bewirtschafterin:	Andrea Müller
Hirtin:	Andrea Müller
Hirtin verantwortlich seit:	1997
Weiteres Personal:	Familienangehörige
Höhenlage der Weiden:	1050 bis 1130 Meter
Nutzbare Lichtweide:	5 Hektar
Gesamte Alpfläche	7 Hektar
Jungvieh:	8 Stück
Milchkühe:	10 bis 14 Stück
Besonderheiten:	Ferienwohnungen, Urlaub auf dem Bauernhof

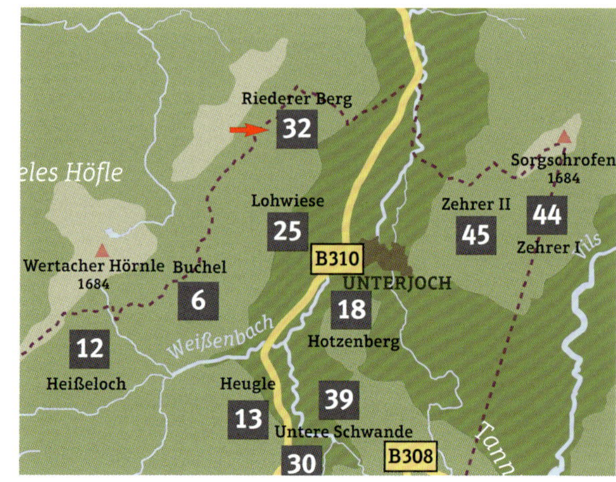

Wenn der Alpsommer auf der Alpe Riederer Berg im August zu Ende gegangen ist, dienen die Weideflächen der kleinen Kuhalpe noch einigen Jungrindern als Nachweide. Ganzjährig genießt man von den nicht besonders steilen Hängen der Alpe Riederer Berg den Blick auf die Gipfel des Zinken und des Sorgschrofen.

Die Schnalle am Gurt der Kuhschelle zeigt den Namen von Andrea Müller: Sie ist die Eigentümerin der Alpe Riederer Berg.

Seit 1969 als Alpe anerkannt – eine alte Melkhütte wurde hier zum Alpgebäude

25 LOHWIESE

Die Alpe Lohwiese war einst eine alte Melkhütte. Heute ist sie eine der vielen typischen Hof- beziehungsweise Landalpen. Im Gegensatz zu den Hochalpen liegen diese in jeweils eher niedrigeren Lagen. So reichen zum Beispiel die Weideflächen der Alpe Lohwiese an den Hängen des Wertacher Hörnles gerade einmal bis auf 1250 Höhenmeter hinauf. Insgesamt 32 Hektar Alpfläche gehören Familie Huber: Sie hat die Alpe Lohwiese im Jahr 1998 übernommen. „Lohwies" heißt es im Oberallgäuer Dialekt. Dabei ist „Loh" wahrscheinlich gleichbedeutend mit „Loch" und bezeichnet wohl die Senke unterhalb einer Alpe. Die Kuh- und Galtalpe Lohwiese wurde erst 1969 als Alpe anerkannt. Knapp zehn Jahre später hat man die alte Melkhütte dann schließlich zum heutigen Alpgebäude mit einem Wohntrakt ausgebaut. Das Alpgebäude liegt auf einer Höhe von 1090 Metern.

Bei Familie Huber wird jeden Tag frische Biomilch gemolken und – wie bei einer Kuhalpe üblich – an einen Milchwirtschaftsbetrieb weiterverkauft. Den Rindern – sowohl Milchkühe als auch Jungvieh – stehen 16 Hektar Lichtweide zur Verfügung. Auf der Alpe Lohwiese gilt das Prinzip der Kurzrasenweide, das sich insbesondere zur Milchkuhhaltung eignet. Denn die Tiere brauchen viel Energie, um eine gute Milchleistung zu erzielen. Dafür empfiehlt sich frisches, junges und grünes Futter. Bei diesem Prinzip sollte der Grasaufwuchs mit dem Futterverzehr der Kühe Schritt halten. Sobald wieder etwas Gras nachgewachsen ist, wird das Milchvieh in kurzen Abständen erneut auf den gleichen Weideflächen gehalten.

In den Hochalpen setzt die Vegetation erst sehr viel später als in den Niedriglagen ein. Der Alpe Lohwiese kommt ihre relativ tiefe Lage zugute: Die Vegetationsperiode beginnt merklich früher. Die junge Weide ist besonders hochwertig, deshalb ist es wichtig, den Weidebetrieb der Milchkühe früh – meistens Anfang Mai – zu beginnen. Der erste Aufwuchs liefert immer die größte Pflanzenmasse: Bei zu hohem Futterangebot werden Flächen herausgemäht, um das Gras nicht zu alt werden zu lassen. Dieses Gras wird zu Heu und dient als Winterfutter.

Schon Ende April werden rund 30 Jungrinder auf verschiedene Talweiden in Wertach und Tiefenbach bei Oberstdorf getrieben

Alpname:	Lohwiese
Alptyp:	Kuhalpe, Galtalpe
Jahr der Alpanerkennung:	1969
Lage:	Unterjoch, an den Hängen des Wertacher Hörnles
Vorweiden:	in Wertach und Tiefenbach bei Oberstdorf
Eigentümer/Bewirtschafter:	Barbara und Joachim Huber
Hirten:	Barbara und Joachim Huber
Hirten verantwortlich seit:	1998
Weiteres Personal:	Familienangehörige
Höhenlage der Weiden:	1050 bis1250 Meter
Nutzbare Lichtweide:	16 Hektar
Gesamte Alpfläche:	32 Hektar
Jungvieh:	30 Stück
Milchkühe:	18 Stück
Besonderheiten	Bioalpe, Urlaub auf dem Bauernhof

Der Zinken und der Sorgschrofen – zwei Hausberge des Bad Hindelanger Ortsteils Unterjoch – überragen die wasserreichen Weiden der Alpe Lohwiese.

und erst im Juni auf die höheren Lagen der Alpe Lohwiese gebracht, die für Milchkühe nicht geeignet sind. Diese Talweiden dienen auch der Nachweide, wenn der Aufwuchs der Alpe im Herbst nachlässt. Die Alpsaison der Milchkühe dauert bis Anfang Oktober, danach werden sie im Talbetrieb noch bis etwa Anfang November ausgetrieben.

Während viele Hochalpen Probleme mit der Wasserversorgung haben, gibt es auf der Alpe Lohwiese eher keinen Mangel. Der abfallende Hang ist nämlich ein Quellgebiet mit vielen nassen Flächen. Die Alpe hat daher neben zunehmender Feuchtigkeit bei Unwettern auch mit sogenanntem stillen Wasser (Sickerwasser) zu kämpfen, das sich auf den Wiesen staut. Ein Zuviel an Wasser kann durchaus zu Ausnahmesituationen führen. So mussten während des Pfingsthochwassers im Jahr 1999 beispielsweise die Kühe gerettet werden, weil der Kuhstall von einem nahe liegenden Bach überflutet wurde.

Zur Alpe Lohwiese gehört auch der Zinkenhof. Dort vermietet Familie Huber Ferienwohnungen und bietet ihren Gästen Ruhe und Erholung vom Alltag an. Nicht nur die Alpe kann besichtigt werden. Für Kinder ist vor allem der kleine Streichelzoo ein Highlight. Hier tummeln sich neben Katzen, Hasen und Zwergziegen auch Ponys.

Eine Galtalpe – und ganzjährig ein beliebtes Ziel für viele Ausflugsgäste

6 BUCHEL

Die Alpe Buchel liegt am Südhang des Wertacher Hörnles in Unterjoch. Ein Alpgebäude wurde 1847 erstmals urkundlich erwähnt. Der frühere Alphof am Unteren Berg wurde um 1900 aber durch einen Erdrutsch zerstört. Danach entstand das heutige Gebäude mit einem Schutzstall für das Vieh, einer Küche und der urigen Gaststube. Woher der Name der Alpe Buchel stammt, ist nicht eindeutig geklärt. Im Allgäu hieß es jedenfalls: Wenn „'s buchelt", dann zieht ein brausendes Gewitter vom Heißetal her auf.

Die Weidegründe sind nach heutigem Alprecht seit 1911 anerkannt und gehören der Alpgenossenschaft Buchelalpe. Jede Alpgenossenschaft wählt einen Alpmeister, der für den ordnungsgemäßen Alpbetrieb verantwortlich ist. Diese Aufgabe übernimmt auf der Alpe Buchel Gottlieb Haug, der zugleich der Oberalpmeister ist. Gepachtet hat den Alphof die Familie Gehring.

Alpname/Varianten:	Buchel, Buchl, Buchelalpe
Alptyp:	Galtalpe
Erste urkundliche Erwähnung:	1847
Jahr der Alpanerkennung:	1911
Lage:	am Südhang des Wertacher Hörnles bei Unterjoch
Eigentümer/Bewirtschafter:	Alpgenossenschaft Buchelalpe
Alpmeister:	Gottlieb Haug
Hirte:	Martin Gehring
Hirte verantwortlich seit:	1999
Weiteres Personal:	Familienangehörige
Höhenlage der Weiden:	1150 bis 1450 Meter
Nutzbare Lichtweide:	25 Hektar
Gesamte Alpfläche:	74 Hektar
Jungvieh:	60 Stück
Milchkühe:	2 Stück
Weitere Tiere:	3 Ziegen
Viehscheid:	eigener Scheid in Unterjoch mit Zugschellen und Kranz
Besonderheiten:	Brotzeitbetrieb

Die Buchelhütte diente eine Zeit lang auch als Sennalpe. Heute wird sie nur noch als Galtalpe bewirtschaftet, die ab Ende Mai Jahr für Jahr auf insgesamt 74 Hektar Alpfläche rund 60 Stück Jungvieh beherbergt. Nur 25 Hektar sind aber nutzbare Lichtweide, die diesen Tieren zum Grasen zur Verfügung steht.

Die unteren Weiden der Alpe liegen bei 1150 Höhenmetern: Sie ist damit weit entfernt von den hochalpinen Alpen, die etwa ab 2000 Metern beginnen. Dennoch ist das Alpgelände nicht zu unterschätzen. Das unwegsame Gebiet ist tückisch, weshalb es gelegentlich zu Viehunfällen kommt. Wenn die Alpsaison Mitte September endet, hat die Herde der Buchelalpe ihren eigenen Viehscheid in Unterjoch. Dabei werden die Tiere feierlich mit Zugschellen und Kranz geschmückt und mitten durch den Ort zur großen Viehscheidwiese geführt.

Besonders stolz ist Hirte Martin Gehring auf zwei Dachser – Tiroler Grauvieh, eine heute seltene Nutztierrasse. In der Alp- und Landwirtschaft sind diese Tiere beliebt, da sie geländetauglich und anpassungsfähig sind. Zudem haben die Dachser

Die Alpe Buchel aus der Vogelperspektive: Auf befestigten Wegen ist sie für ihre Gäste leicht und bequem zu erreichen.

eine ausgeprägte Weidetüchtigkeit, eignen sich also für die Bewirtschaftung großer Weideflächen.

Auf der 1200 Meter hoch gelegenen Alpe Buchel wird ganzjährig bewirtet. Für Wanderer ist der Alphof über asphaltierte Wege bequem zu erreichen. Deftige Brotzeiten, hausgemachte Kuchen – gebacken im traditionellen Holzofen –, Allgäuer Käsespezialitäten und mehr stehen hier auf der Speisekarte.

Die Alpe Buchel ist ein beliebtes Ausflugsziel: Denn bewirtet wird hier ganzjährig.

Die Fohlen einer ehemaligen Rossalpe gaben der heutigen Galtalpe den Namen

12 HEIẞELOCH

Die Alpe Heißeloch war früher eine Rossalpe. Pferdealpen waren keine Seltenheit. Die reichen Augsburger Fugger, die ab 1529 einen Stutenhof in Hindelang besaßen, erwarben auf dem heutigen Gemeindegebiet von Bad Hindelang später noch insgesamt drei weitere Besitzungen für die Rossälpung. Der Name Heißeloch leitet sich aus jener frühen Pferdeälpung ab. Laut dem Hindelanger Chronisten Ulrich Scholl wurde damals ein Fohlen als „Heiße" bezeichnet. Und „Heißele", oder auch „Huschele", nannte man jene Fohlen, die im Heißeloch (besser gesagt im Heißetal) gesömmert wurden. Bei ihrer ersten urkundlichen Erwähnung gegen Mitte des 17. Jahrhunderts wurde diese Alpe „Im heißen Loch" geschrieben.

Die Gesamtfläche der Alpe beträgt 97 Hektar. Eigentümerin der zwischen 1210 und 1580 Meter hoch gelegenen Weideflächen ist die Alpgemeinschaft Heißeloch. Die Galtalpe Heißeloch liegt zwischen dem Wertacher Hörnle, dem Spieser und dem Hirschberg. Bestimmte Alpgründe werden gemäß ihrer Beweidbarkeit nur zu gewissen Zeiten der Saison bestoßen. Da die Weidequalität der Alpe Heißeloch in heißen Sommermonaten recht minderwertig ist, wird zu dieser Zeit kein Vieh auf dem Berg geälpt. Das struppige Borstgras dominiert die Weideflächen. Zudem gibt es wenig wertvolle und qualitativ hochwertige Futtergräser und -kräuter. Zwar würden sich Pferde auch mit den etwas kärglicheren Weiden zufriedengeben. Doch heutzutage werden auf dem Berg keine Rösser mehr gesömmert, obwohl das Pferdeweiderecht nach wie vor besteht. Die Flächen der im Jahr 1911 anerkannten Alpe Heißeloch werden nun nur noch als Vor- und Nachweide für die Alpen Hasenegg und Platten genutzt. 200 Stück Jungvieh grasen von Juni bis Juli rund einen Monat lang auf den Hängen dieser Alpe. Der Weidegrund wird hier nicht in unterschiedliche Bereiche unterteilt oder abgezäunt, sondern als zusammenhängende Fläche bestoßen.

Das große Gelände stellt für den Hirten eine Herausforderung dar. Täglich muss er nach dem Viehbestand sehen und überprüfen, ob auch alle Tiere vor Ort sind. Dabei kontrolliert er auch den Zustand der Schumpen (so der Allgäuer Name für Jungrinder), denn zu Unfällen kann es auf dem unübersichtlichen Hang immer mal wieder kommen. Zudem durchfließen der Girrenbach und der Heißelochbach in zwei großen Hang-

Alpname/Varianten:	Heißeloch, Heißeloh, Hießeloch, Häuseloch
Alptyp:	Galtalpe
Erste urkundliche Erwähnung:	Mitte des 17. Jahrhunderts
Jahr der Alpanerkennung:	1911
Lage:	zwischen Wertacher Hörnle, Spieser und Hirschberg
Eigentümer/Bewirtschafter:	Alpgemeinschaft Heißeloch
Alpmeister:	Konrad Baiz
Hirte:	Hubert Bellot
Hirte verantwortlich seit:	1989
Höhenlage der Weiden:	1210 bis 1580 Meter
Nutzbare Lichtweide:	73 Hektar
Gesamte Alpfläche:	97 Hektar
Jungvieh:	200 Stück
Besonderheiten:	große Vor- und Nachweide, Pferdeweiderecht

Die Alpe Heißeloch liegt nördlich des Spiesers (rechts). Von diesem Berg aus bietet sich ein guter Blick auf die Weiden um die 1300 Meter hoch gelegene Alphütte. Zahlreiche Tobel und Rinnen durchziehen das unübersichtliche Areal der Alpe.

einschnitten das Gelände: Für den Viehbestand auf der Alpe Heißeloch bedeuten solche Tobel und Rinnen eine zusätzliche Gefahrenquelle. Bis zu fünf Stunden täglich kann das sogenannte Übersehen der Tiere dauern. Am Talfahrtstag werden die Tiere schließlich zur Sömmerung auf die höheren Wiesen geschickt. Zuvor werden die Rinder jedoch auf eine Zwischenalpe an der Kanzel getrieben und dort in zwei Herden aufgeteilt. Die kleinere Herde verbringt danach den Sommer auf der Alpe Hasenegg, eine deutlich größere Herde weidet auf der Alpe Platten.

Dadurch, dass über den Sommer keine Tiere auf der Alpe Heißeloch weiden, fällt einiges an sogenannter Schwendarbeit an. Das bedeutet, dass die Alpflächen von Unkraut, Büschen und Gräsern befreit werden müssen, die sich auf den Weidegründen ausbreiten. Die Auflichtung ist wichtig, weil diese Flächen sonst im Lauf der Zeit überwuchert würden.

Nach dem großen Hindelanger Viehscheid Mitte September dienen die relativ niedrig gelegenen Wiesen der Alpe Heißeloch schließlich als Nachweide. Erst wenn Anfang Oktober mit den ersten Schneefällen zu rechnen ist, kommen die Rinder in den heimatlichen Stall, wo sie die Wintermonate verbringen.

Eine jahrhundertealte Alpe – mit „Steinpest“ und „Streubenfressern“

13 HEUGLE

Die Alpe Heugle ist im Kern einige hundert Jahre alt, auch wenn man es dem Gebäude nicht mehr ansieht. Denn nur der Keller ist im Originalzustand erhalten geblieben: Das vermutlich gotische Gewölbe steht sogar unter Denkmalschutz. Erstmalig erwähnt wurde der ehemalige Bauernhof oberhalb der Bundesstraße B310 im Jahr 1783. 1090 Meter hoch liegt diese Alpe am Spieser zwischen Unterjoch und Oberjoch.

Die 56 Hektar große Alpfläche erstreckt sich vom 1050 hoch gelegenen Rand der Bundesstraße bis auf 1550 Höhenmeter hinauf. Eigentümer der Alpe Heugle, auch Alpe Heigle genannt, sind seit dem Jahr 2013 Max und Angelika Steinmüller aus Untergschwend. Bevor sie diese Alpe ablösten, hatte sie des Öfteren wechselnde Besitzer. Die ehemalige Sennalpe wurde jedoch fortwährend bewirtschaftet – nicht zuletzt auch deshalb, weil viele Hochalpen in der Mitte des 20. Jahrhunderts ganz oder zumindest teilweise aufgegeben wurden.

Alpname/Varianten:	Heugle, Heigle
Alptyp:	Kuhalpe, Galtalpe
Erste urkundliche Erwähnung:	1783
Jahr der Alpanerkennung:	1911
Lage:	am Spieserhang zwischen Unterjoch und Oberjoch
Eigentümer:	Max und Angelika Steinmüller
Bewirtschafter:	Max Steinmüller
Alpmeister:	Max Steinmüller
Hirten:	Roland Pätzold, Franziska Steinmüller
Hirten verantwortlich seit:	2016
Höhenlage der Weiden:	1050 bis 1550 Meter
Nutzbare Lichtweide:	40 Hektar
Gesamte Alpfläche:	56 Hektar
Jungvieh:	18 Stück
Milchkühe:	26 Stück
Weitere Tiere:	12 Haflinger
Viehscheid:	Rinder am 20. September, Pferde am 4. Oktober
Besonderheiten:	denkmalgeschütztes Kellergewölbe unter dem Alpgebäude, Bioalpe, Urlaub auf dem Bauernhof

Heute ist die im Jahr 1911 anerkannte Alpe Heugle eine Kuh- und Galtalpe. Milchkühe und Jungvieh werden gemeinsam auf den rund 40 Hektar Nutzweide den Sommer über geälpt. Die Jungrinder gehören der Landwirtsfamilie Steinmüller: Es ist für tiefer gelegenene Hofalpen typisch, dass eigene Tiere zur Sömmerung auf die höher liegenden Weiden geschickt werden. Die Alpweide, die beidseitig entlang der Bundesstraße verläuft, teilen sich die Kühe gelegentlich mit einem Dutzend – auch „Streubenfresser" genannten – Haflingern. Denn die Pferde begnügen sich auch mit etwas magereren Weideflächen. Sie werden dort als Pensionsvieh gehalten und gehören nicht zum eigenen Tierbestand der Alpe Heugle.

Anfang Juni werden die Jährlinge ohne Vorweide auf die Flächen am Spieser und Ornachrücken hinaufgetrieben. Dort ist die Weidequalität allerdings schlechter als in den niedrigeren Tallagen. Nicht ohne Grund werden diese hoch gelegenen Flächen „Steinpest" genannt. Denn hier wächst überwiegend Magerrasen und das Gebiet ist mit Steinen und Geröll durchzogen. Dies ist ein typisches Merkmal der nördlichen Kalkalpen, an deren Ausläufern sich die Weidegründe für die Jung-

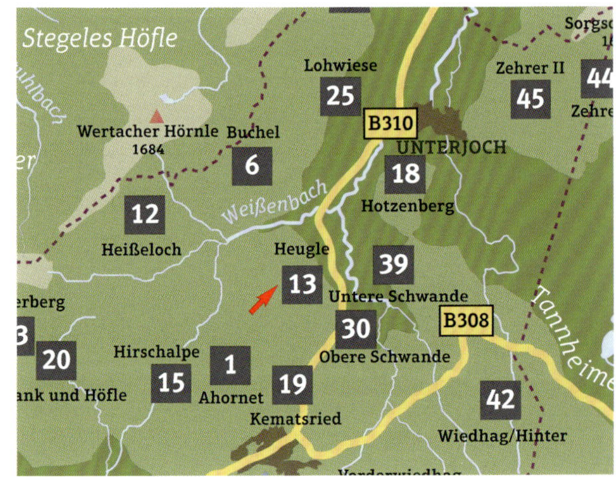

Die Heugle-Milchkühe stehen kurz vor der Melkzeit bereits in Reih und Glied und wollen in den Stall abgeholt werden. Im Hintergrund ist die Alpe Hotzenberg zu erkennen.

rinder befinden. Das Grasen des Viehs ist auf solchen Flächen manchmal mit Problemen verbunden: Da sich die niedrig gelegenen Weideflächen auf relativ ähnlicher Höhenlage befinden und eher feucht sind, wird das Gras dort überall beinahe zur gleichen Zeit weidereif. Das bedeutet, dass der Aufwuchs altert. Der Hirte muss deshalb am Ende der Alpsaison frisches Heu oder Gras zufüttern. Der Alpsommer kann hier ganz plötzlich vorbei sein, wenn die Weide witterungsbedingt nicht mehr ausreichend Futter für die Tiere hergibt. In diesem Fall werden die Tiere hinunter nach Untergschwend getrieben, wo sie den Winter im heimischen Stall verbringen.

Das Alpgebäude, in dem die Milchkühe gemolken werden, liegt bei den Spieserliften – direkt an der Bundesstraße B310.

Das Gelände dieser Galtalpe grenzt an das Oberjocher Hochmoor an

30 OBERE SCHWANDE

Die 65 Hektar Fläche der Alpe Obere Schwande erstrecken sich beiderseits der B310 zwischen Oberjoch und Unterjoch. Ein Großteil der relativ ebenen Weiden liegt östlich der Bundesstraße. Der kleinere Teil der Wiesen befindet sich auf der gegenüberliegenden westlichen Seite. Sie reichen dort bis auf den Ornachhang hinauf. Die Höhendifferenz zwischen der niedrigsten, auf nur 1100 Metern gelegenen Weide und der obersten Weidegrenze beträgt hier lediglich 150 Meter.

1911 wurde die Alpe offiziell anerkannt. Erstmals urkundlich erwähnt wurde die Alpe Obere Schwande – so schrieb jedenfalls der Ortschronist Ulrich Scholl – allerdings schon im Jahr 1783. Bereits damals war sie eine Privatalpe, und auch heute ist die Obere Schwande eine der wenigen Bad Hindelanger Alpen, die vom Besitzer selbst bewirtschaftet werden.

Die Hofhütte der Alpe Obere Schwande wurde auf einer Höhe von 1100 Metern errichtet. Das idyllisch gelegene Gebäude ähnelt wegen seiner Größe eher einem Bauernhof als einer Alphütte: Denn der Wohntrakt ist mit seinen beiden Vollgeschossen für eine Alpe untypisch. Den weitaus größten Raum im langgezogenen Satteldachbau nimmt der Stall in Anspruch, in dem früher 50 bis 60 Milchkühe untergebracht waren. Bis zur Mitte des 20. Jahrhunderts wurde die Obere Schwande nämlich als Sennalpe bewirtschaftet. Die Kühe wurden damals mindestens einmal täglich in einer „Melk" – einer kleinen Melkhütte – gemolken. Ein Senn kümmerte sich darum, die Milch vor Ort zu Käse oder Butter zu verarbeiten.

Heute ist die Obere Schwande eine Galtalpe. Eine größere Herde von Jährlingen – im Allgäu „Schumpen" genannt – sowie jedes Jahr außerdem drei bis vier Pferde stehen unter der Obhut des Hirten. Vom 1. Mai bis Ende Oktober verbringt das Galtvieh den Alpsommer in diesem Hochtal. 117 Weidetage gelten hier als Regelfall. Die Qualität des Weidegebiets mit seinen 51 Hektar Lichtweide ist durchwachsen: Denn ein Teil der Flächen der Alpe Obere Schwande liegt am Oberjocher Hochmoor.

Auf dem Areal der Alpe stößt man auf bunkerähnliche Bauten. Es handelt sich dabei wohl um Materialdepots eines 1935 an-

Alpname/Varianten:	Obere Schwande, Obere Schwandalpe
Alptyp:	Galtalpe
Erste urkundliche Erwähnung:	1783
Jahr der Alpanerkennung:	1911
Lage:	östlich und westlich der B310 zwischen Unterjoch und Oberjoch
Eigentümer/Bewirtschafter:	Narziß Wenz
Hirte:	Willi Heinrich
Hirte verantwortlich seit:	2014
Höhenlage der Weiden:	1100 bis 1250 Meter
Nutzbare Lichtweide:	51 Hektar
Gesamte Alpfläche:	65 Hektar
Jungvieh:	68 Stück
Weitere Tiere:	3 Pferde
Besonderheiten:	eine der wenigen vom Eigentümer bewirtschafteten Privatalpen in Bad Hindelang

Der stattliche langgestreckte Alphof der Oberen Schwande wurde jahrhundertelang ganzjährig bewohnt. Im Stall standen bis zu 60 Milchkühe – noch bis zur Mitte des 20. Jahrhunderts wurde die Obere Schwande als Sennalpe bewirtschaftet.

gelegten Lagers des Reichsarbeitsdienstes. 200 beim Bau der neuen Straße (heutige B310) eingesetzte Jugendliche waren damals in Unterjoch stationiert. Im Jahr 1941 wurden diese Maßnahmen dann jedoch eingestellt. Das Lager des Reichsarbeitsdienstes hat man nach Kriegsende abgebrochen.

Zur Oberen Schwandalpe gehörige Flächen grenzen bei Oberjoch als Feuchtwiesen an das dortige Hochmoor an.

Auf dem Gebiet dieser Alpe sammeln sich die Quellen des Flusses Wertach

39 UNTERE SCHWANDE

1435 wurde der einstige Einödhof Untere Schwande erstmals beurkundet. Damals wurden zwei Wiesen an der Wertach genannt. Nach heutigem Alprecht wurde die Untere Schwande 1911 offiziell als Alpe anerkannt. Seit 2009 ist der Unterjocher Ökolandwirt Eric Beißwenger, der im September 2013 als Abgeordneter in den Bayerischen Landtag gewählt wurde, einer ihrer Besitzer. Das alte Alpgebäude wurde saniert und zudem umgebaut, doch der Stall ist nach wie vor für den Alpbetrieb nutzbar, auch wenn er inzwischen als Lager für Alpzubehör dient. Nach der Sanierung hat Peter Lanig aus Oberjoch die Untere Schwande gepachtet. Bewirtschafter dieser idyllisch gelegenen Alpe ist seit 2015 Josef Müller.

Früher war die Untere Schwande eine Sennalpe, wo gemolken und gekäst wurde. Später verarbeitete man die Milch nicht mehr auf der Alpe, sondern verkaufte sie an ein Milchwerk: Die Untere Schwandalpe wurde also als Kuhalpe betrieben. Heute werden auf den Weiden nur noch Jungrinder gehalten. Auf 38 Hektar Nutzweide dürfen rund 40 Stück Galtvieh das frische Berggras abweiden. Die Herde setzt sich vorwiegend aus Allgäuer Braunvieh zusammen. Die Tiere gehören der Landwirtsfamilie – typisch für niedrig gelegene Landalpen. Die eigenen Rinder werden den Sommer über auf die höher gelegenen und vom heimischen Hof abgegrenzten Flächen geschickt. Die Wiesen werden hier schon im Mai bestoßen. Je nach Wetterlage dauert die Saison meist bis Oktober. Die 1050 bis 1250 Meter hoch gelegenen Weiden sind qualitativ hochwertig. Das Gras wächst gut auf den relativ ebenen Flächen entlang der Bundesstraße B310 von Oberjoch nach Unterjoch, bis hinauf zum Ornachhang. Es bleibt genug davon zum Heuen übrig – Winterfutter für die Tiere.

Auf dem Gebiet der Alpe Untere Schwande entspringt die Wertach. Ihre Quellen fließen vom Iseler hinab und vereinigen sich auf dem Grundstück des Alphofs. Dort bilden sich deshalb anmoorige Böden, weil sich auf solchen dauernassen Flächen organisches Material nicht vollständig zersetzt.

Das direkt an einem Wanderweg gelegene Alpgebäude auf 1060 Metern Höhe lädt mit dem dortigen Gastronomiebetrieb zum Einkehren und Verweilen ein. Dieses Anwesen, ein zwei-

Alpname/Varianten:	Untere Schwande, Untere Schwandalpe
Alptyp:	Galtalpe
Erste urkundliche Erwähnung	1435
Jahr der Alpanerkennung:	1911
Lage:	östlich und westlich der B310 von Oberjoch nach Unterjoch
Eigentümer:	Eric Beißwenger/Walther Wölpert
Bewirtschafter:	Josef Müller
Hirte:	Josef Müller
Hirte verantwortlich seit:	2015
Höhenlage der Weiden:	1050 bis 1250 Meter
Nutzbare Lichtweide:	38 Hektar
Gesamte Alpfläche:	53 Hektar
Jungvieh:	40 Stück
Besonderheiten:	denkmalgeschütztes Alpgebäude, Brotzeitbetrieb, Ursprung der Wertach auf dem Alpgebiet

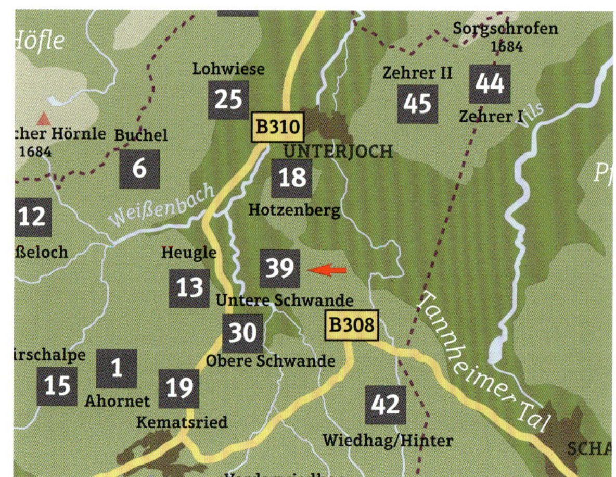

Das Alpgebäude der Unteren Schwande und die dortige, im Jahr 2010 umfassend renovierte Wendelinskapelle stehen jeweils unter Denkmalschutz.

geschossiger, verschindelter und verbretterter Blockbau mit nordöstlich heruntergezogenem Flachsatteldach, wurde im Kern wohl im frühen 18. Jahrhundert erbaut. Wenige Schritte von diesem denkmalgeschützten Alpgebäude entfernt steht die im Jahr 1857 errichtete, ebenfalls in die Denkmalliste aufgenommene Wendelinskapelle.

Die Wiesen um das Hauptgebäude der Alpe Untere Schwande liegen auf nur mäßig hohen runden Hügelkuppen vor dem Bergpanorama des Iseler.

Diese Alpe bei Unterjoch befindet sich bereits seit 1622 im Besitz der Familie

18 HOTZENBERG

Wie die meisten Alpen zählt die erst im Jahr 1988 anerkannte Alpe Hotzenberg zu den für das Oberallgäu typischen Kuh- und Galtalpen. Das bedeutet: Ihr Viehbestand setzt sich einerseits aus Jungvieh im Alter von ein bis zwei Jahren sowie anderseits aus Milchkühen zusammen. Die Jungrinder und ein gutes Dutzend Milchkühe dürfen den Sommer über schon ab Mai auf dem Hotzenberg weiden.

Pragmatisch und praktisch zugleich: Die Alpe Hotzenberg ist nach dem Berg, auf dem sie liegt, benannt. Sie befindet sich südlich von Unterjoch, unweit vom dazugehörigen Bauernhof entfernt. Sie ist also eine sogenannte Landalpe – die sich dadurch definiert, dass ihre Weideflächen vom Heimatbetrieb räumlich getrennt weiter oben im Gebirge liegen.

Die Alpe Hotzenberg war früher ein Melkstall, der im Jahr 1997 durch einen Neubau ersetzt wurde. Der 1150 Meter hoch gelegene Alphof ist seit Langem im Besitz der Familie Lipp – bis zum Jahr 1622 lässt sich dieser Familienname in Zusammenhang mit der Alpe Hotzenberg zurückverfolgen. Sie wurde von Generation zu Generation weitergegeben. Heute bewirtschaftet Herbert Lipp mit seiner Familie die Kuhalpe. Er ist dort nicht nur als Eigentümer, sondern auch als Hirte für die Alp- und Landwirtschaft verantwortlich.

Die Alpe bietet rund acht Hektar Alpfläche in Höhenlagen von fast 1090 bis 1280 Metern. Eher untypisch dabei ist, dass die Größe der Gesamtfläche dieser Alpe der ihrer für die Viehhaltung geeigneten Lichtweide entspricht. Im Normalfall gehört zum Alpgebiet nämlich auch größeres unwirtschaftliches Gelände wie Wälder, Ödland oder Geröllhalden. Solche Flächen eignen sich nicht als Nutzweide. Die für das Vieh nutzbare – nicht von Bäumen beschattete – Lichtweide ist also bei den meisten Alpen kleiner als die gesamte, zum Teil für die Beweidung nicht brauchbare Fläche einer Alpe.

Auch der steile Nordhang des Hotzenbergs ist mit seinen zerklüfteten und heimtückischen Stellen für die Viehhaltung eher ungeeignet und stellt eine Gefahr für die Tiere dar. Deshalb wurden die Waldflächen am Gipfelgrat als Alpflächen aufgegeben. Die waldfreie, zusammenhängende Nutzweide süd-

Alpname:	Hotzenberg
Alptyp:	Kuhalpe, Galtalpe
Erste urkundliche Erwähnung:	1622
Jahr der Alpanerkennung:	1988
Lage:	am Südhang des Hotzenbergs bei Unterjoch
Eigentümer/Bewirtschafter:	Herbert Lipp
Hirten:	Angelika und Herbert Lipp
Hirten verantwortlich seit:	1983
Weiteres Personal:	Familienangehörige
Höhenlage der Weiden:	1086 bis 1280 Meter
Nutzbare Lichtweide:	8 Hektar
Gesamte Alpfläche:	8 Hektar
Jungvieh:	10 Stück
Milchkühe:	14 Stück
Besonderheiten:	Bioalpe, Urlaub auf dem Bauernhof

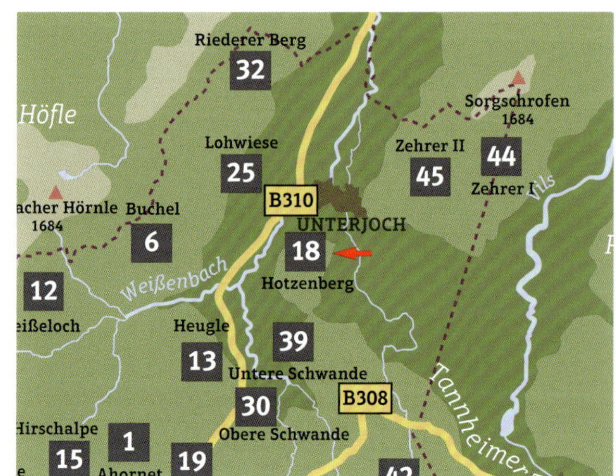

Die Alpe Hotzenberg liegt auf dem gleichnamigen Berg. Den Hof des „Hotzenbauern" findet man am Fuß des Hotzenbergs. Im Hintergrund ist das Tannheimer Tal zu erkennen.

östlich des Hotzenbergs dient den Rindern dagegen schon seit mehreren Generationen als Sommerweide. Auf dem Osthang des Hotzenbergs wächst das Gras allerdings nicht allzu früh im Jahr, deshalb eignet sich diese Seite des Berges eher als Spätweide.

Die frische Biomilch von der Alpe Hotzenberg stammt von einer experimentierfreudig zusammengewürfelten Kuhherde. Das traditionelle Allgäuer Braunvieh gilt zwar als bergtauglich und äußerst widerstandsfähig, ist heute aber nicht mehr so robust wie früher. Deshalb hat Herbert Lipp seine kleine Herde durch zugekauftes Fleckvieh vergroßert.

Um die Wasserversorgung der Tiere am trockenen Südhang zu gewährleisten, wurde eine Wasserleitung vom Bauernhof der Familie Lipp zur Alpweide gelegt. Das kalkhaltige Untergrundgestein, auf dem sich die Kuhalpe befindet, lässt die Niederschläge nämlich versickern. Folglich ist der Weidegrund zu trocken, da kein Wasser gespeichert wird.

Einst die höchste Wohnsiedlung Deutschlands, heute eine grenzüberschreitende Alpe

44 ZEHRER I

Die Alpe Zehrer I – im Volksmund bekannt als „Hinterer Zehrer" – galt ab 1743 mit zwei Wohnhäusern auf einer Höhe von 1300 Metern zusammen mit der Alpe Zehrer II als die höchstgelegene dauernd bewohnte Siedlung Deutschlands. Die 34 Hektar große Gesamtfläche der Alpe erstreckt sich innerhalb von Beweidungsgrenzen zwischen 1150 und 1400 Metern. Ihren Namen bekam die 1911 anerkannte Alpe wegen der benachbarten Zehrerhöfe. Erstmals erwähnt wurde diese Alpe 1593. Das 1200 Meter hoch gelegene Alpgebäude stammt im Kern aus dem 17. Jahrhundert: Es wurde aus Steinen des Zinken erbaut – jenes Berges, auf dem diese Alpe liegt.

Bis 1958 wurde die Alpe Zehrer I als Sennalpe betrieben. Die Sennküche ist heute zwar vermietet, der Stall erfüllt jedoch nach wie vor seinen Zweck: Bei schlechtem Wetter wird er als Unterstellmöglichkeit für die Tiere genutzt. Heute ist der sogenannte Hintere Zehrer eine Galtalpe, auf der nur Jungvieh gehalten wird. Insgesamt zehn Hektar Nutzweide stehen den Jungtieren am Südhang des Zinkens in Unterjoch zur Verfügung. Dort verbringen sie den Sommer – von Anfang Juni bis Mitte September. Die höchstgelegenen Weiden der Alpe besitzen sogar alpinen Charakter und erstrecken sich über eine gefährliche Felswand, an der bereits etliche Rinder verunglückt sind. Zwar liegen die unteren Weiden der Alpe nicht sonderlich hoch, trotzdem kam es schon vor, dass dort im Juni Schnee fiel. Solche Schneefälle machen eine Beweidung der Fläche unmöglich: Steht dem Hirten in diesem Fall keine Hütte zur Verfügung, tritt das alte Recht der „Schneeflucht" in Kraft: Der Viehbestand darf auf einen nahe gelegenen Hof oder auf niedriger gelegene und deshalb schneefreie Weiden flüchten.

Aufgrund des kalkhaltigen Bodens bezeichnet der Hirte die Zehrer-Weiden als „Steinweide". Niederschläge versickern dort rasch im Boden. Bei höheren Temperaturen, besonders in den Sommermonaten, kann es hier – wie auf allen Alpen – bei den Tieren zu Infektionskrankheiten kommen. Hohe Luftfeuchtigkeit fördert die Keimbildung. Dann können beispielsweise schmerzhafte Entzündungen im Zwischenklauenspalt der Kühe auftreten.

Eigentümer des Alphofs sind Alois Weber, Peter Lingenhöhl und Norbert Gehring, wobei ersterer den halben Anteil von

Alpname/Varianten:	Zehrer I, Hintere Zehrer Alpe, Zerrer-Alpe
Alptyp:	Galtalpe
Erste urkundliche Erwähnung:	1593
Jahr der Alpanerkennung:	1911
Lage:	am Südhang des Zinkens in Unterjoch
Eigentümer:	Alois Weber, Norbert Gehring, Peter Lingenhöhl
Bewirtschafter:	Alois Weber, Norbert Gehring
Hirten:	Alois Weber, Norbert Gehring
Hirten verantwortlich seit:	1993
Höhenlage der Weiden:	1150 bis 1400 Meter
Nutzbare Lichtweide:	9 Hektar
Gesamte Alpfläche:	34 Hektar
Jungvieh:	16 Stück
Besonderheiten:	Bioalpe, Großteil der Flächen in Österreich

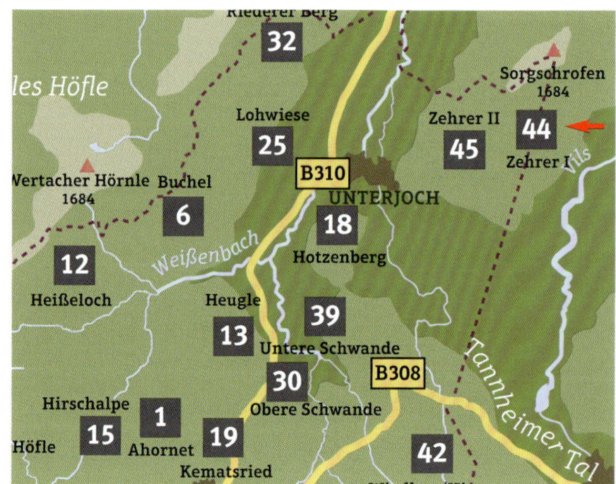

Die Weiden von Zehrer I liegen am Südhang des Zinkens mit Blick auf den Iseler und das Tannheimer Tal. Das Alpgebäude der ehemaligen Sennalpe stammt aus dem 17. Jahrhundert.

Peter Lingenhöhl dazupachtete. Die Alpe Zehrer I gehört aber nicht nur mehreren Besitzern, sondern ist auch „binational": Der weitaus größere Teil ihrer Fläche liegt im angrenzenden Österreich. Deshalb müssten alle Tiere bei jedem Grenzübertritt umgemeldet werden. Doch mittlerweile sind die Rinder der Alpe Zehrer I sowohl in Deutschland als auch in Österreich registriert – ein erheblicher bürokratischer Aufwand.

Miteigentümer und Hirte Alois Weber kümmert sich um die kleine Herde.

Bis ganz oben gibt hier es schmackhafte Wiesen, aber nur ganz unten einen Brunnen

45 ZEHRER II

Wie die Alpe Zehrer I liegt die gleichnamige Alpe Zehrer II am Südhang des Zinkens in Unterjoch. Als der Chronist Ulrich Scholl 1986 sein Buch „Aus der Geschichte des Ostrachtals" herausbrachte, führte er nur eine einzige, auf 1491 Metern Höhe gelegene „Zerrer-Alpe" auf. Doch schon Scholl notierte zur Geschichte: „Waren ehemals zwei Alpen, eine Senn- und eine als Galtalpe genannt."

Heute gehört die Alpe Zehrer II Hubert und Herbert Landerer. Unweit der Alpe betreiben die beiden Besitzer ihre Höfe: Die Alpfläche grenzt direkt an ihre Hofweiden an. Daher wird die Alpe Zehrer II nicht separat bewirtschaftet, sondern historisch bedingt als zum Hof zugehörig betrachtet. Der Weidegrund der Alpe beginnt bei 1200 Metern und erstreckt sich bis auf 1500 Meter hinauf, wobei die gesamte Alpfläche ungefähr 42 Hektar umfasst. Allerdings sind lediglich knapp 13 Hektar als Lichtweide für die Viehhaltung nutzbar.

Noch bis 1904 wurden die Kühe tagtäglich morgens auf den Berg und abends wieder herunter in den Stall getrieben. Das ist heute anders: Die Tiere werden nicht mehr jeden Tag auf- und abgetrieben, was den Älplern viel Arbeit erspart.

Alpname/Varianten:	Zehrer II, Obere Zehrer Alpe
Alptyp:	Galtalpe
Erste urkundliche Erwähnung:	1593
Jahr der Alpanerkennung:	1911
Lage:	am Südhang des Zinkens in Unterjoch
Eigentümer/Bewirtschafter:	Hubert Landerer, Herbert Landerer
Hirten:	beide Eigentümer und Familienangehörige
Höhenlage der Weiden:	1200 bis 1500 Meter
Nutzbare Lichtweide:	13 Hektar
Gesamte Alpfläche:	42 Hektar
Jungvieh:	12 bis 15 Stück
Besonderheiten:	Bioalpe, unerschlossen, nur zu Fuß erreichbar

Unabhängig davon, dass sich die Höfe der Eigentümer in unmittelbarer Nähe befinden, bleibt die tägliche Kontrolle der Jungrinder dennoch notwendig. Wie in alten Zeiten geht das hier nur zu Fuß – das Alpgelände ist nämlich vollkommen unerschlossen. Zu den Weiden führt kein ausgebauter Weg hinauf, weshalb sämtliches Arbeitsmaterial auf dem Rücken nach oben getragen werden muss.

Zum Zinken gelangt man über einen Wanderweg, der zugleich als Viehweg dient. Dieser Weg ist streckenweise eine Herausforderung, denn das abschüssige Gelände ist mancherorts durch Erosionsschäden zerstört. Auf felsigen Abschnitten mit hohen Stufen tun sich die Rinder schwer. Erfahrenes Altvieh ist hier für den Hirten von Vorteil: Die Tiere kennen den Weg, die Weiden und die Wasserstellen schon aus früheren Jahren.

In der Regel wird das Vieh von Anfang Juni bis zum Ende der Alpsaison Mitte September geälpt. Lang andauernde Trockenperioden bei großer Hitze können aber zu Problemen führen. Es kommt dann schon mal vor, dass die Alpsaison frühzeitig im August endet und die Tiere in das Tal abgetrieben werden.

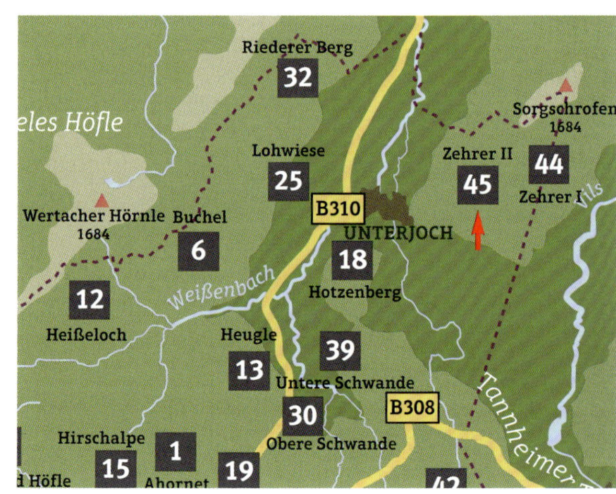

Die Flächen der Alpe Zehrer II kennzeichnet ihre relativ gute Weidequalität und ein hochwertiger Pflanzenbestand.

Die Weiden der Alpe Zehrer II liegen auf Waldlichtungen am Südhang des Zinkens.

Generell macht die Südlage des Hangs die Wasserversorgung in den Sommermonaten schwierig. Denn der einzige ständig Wasser spendende Brunnen liegt ausgerechnet auf der niedrigsten Weide. Die Alpfläche ist nicht in abgezäunte Parzellen unterteilt, sondern bildet ein zusammenhängendes Areal. Das Vieh frisst sich deshalb von den unteren Weiden immer weiter nach oben hinauf zu den höher gelegenen Wiesen.

Aus diesem Grund müssen die Rinder im Lauf der Zeit immer weitere Wege hinab zur Viehtränke zurücklegen. Der felsige Kalkboden lässt Niederschläge rasch im Untergrund versickern, die Weidegründe sind also relativ trocken. Das hat aber auch Vorteile: So bilden sich keine nass-schlammigen Weideflächen oder saure Stellen. Insgesamt hat die Alpe Zehrer II deshalb eine gute Weidequalität mit hochwertigem Pflanzenbestand.

SECHS ALPEN IN OBERJOCH

Milchkühe brauchen eine gute Weidequalität, kein allzu anspruchsvolles Gelände und kurze Wege zum Melkstall. Dies alles ist auf den Oberjocher Alpweiden gegeben, dementsprechend waren die dortigen Alpen früher Sennalpen oder auch Weiden für Gassenkühe.

Die Bergwiesen um den Bad Hindelanger Ortsteil Oberjoch liegen (mit Ausnahme der Alpe Ahornet, wo die Beweidungsgrenzen mehr als 1600 Meter erreichen) nur zwischen etwa 1200 und 1600 Meter hoch. Diese also eher niedrig gelegenen Alpflächen weisen außerdem eine relativ geringe Höhendifferenz zwischen den untersten und den höchsten Beweidungsgrenzen auf. Sie sind deshalb auch vergleichsweise problemlos zu bewirtschaften. Von der guten Weidequalität auf diesen Wiesen profitiert heute das Jungvieh. Während es junge Hirten, die etwas erleben wollen, eher auf die hoch gelegenen, hochalpinen Alpen im Gemeindegebiet von Bad Hindelang zieht, übernehmen erfahrene Hirten gern eine der sechs Alpen von Oberjoch.

Eigener Käse aus dem Hofladen jener Alpe, durch die Oberjoch gegründet wurde

19 KEMATSRIED

Die Alpe Kematsried liegt östlich von Oberjoch an den Hängen unter dem Ornach. Sie ist eine der im Allgäu selten gewordenen Sennalpen. Urkundlich erstmals erwähnt wurde die auch „Crämetzried" geschriebene Alpe Kematsried 1435. Dieser Name setzt sich aus den Worten „Ried" (was für ein Moor oder Moos steht) sowie „Kremmat" (ein altes Wort für Wacholder) zusammen. 1818 wurde das Anwesen als Einödhof und in der Schreibweise „Kemetzried" erwähnt. Das einst ganzjährig bewohnte und bewirtschaftete Bauernhaus der Alpe Kematsried war das erste Haus im Dorf Oberjoch. Der heute denkmalgeschützte, 1157 Meter hoch gelegene Bau steht im Zentrum einer größeren Anlage.

Seit der Zeit um 1830 ist die Alpe Kematsried nur noch eine Sennalpe. Auf dieser Alpe auf dem Joch wird auch heute vorwiegend Milchvieh für die Käseproduktion und -verarbeitung gehalten. Obgleich sie die Kriterien einer hochalpinen Alpe nicht erfüllt – die Weidegrenzen verlaufen nur in Höhenlagen zwischen 1140 und 1420 Metern – wurde sie 1911 als Alpe anerkannt. Obwohl sich nur ein kleiner Teil der Fläche dieser Sennalpe über den Ornachhang – direkt an der Oberjocher Ortsgrenze – erstreckt, bietet die Alpe Kematsried eine weite Aussicht auf umliegende Wiesen und Wälder sowie auf das Retterschwangtal.

Ein gutes Dutzend Milchkühe verbringt den Sommer ab Ende Mai „aufm Joch". Die Kraft, um auf eine Maximalleistung von 1500 Litern Milch pro Saison zu kommen, ziehen die Kühe aus der dort besonders artenreichen Mischweide. Zwölf Hektar Nutzweide erstrecken sich auf dem relativ flachen Gelände um das Alpgebäude. Wenn der Frühsommer feucht ist, entwickelt sich die Flora dort besonders gut. Die Artenvielfalt der Weiden mit verschiedensten Gräsern, schmackhaften Kräutern und Blumen schlägt sich in der Qualität der Milch nieder.

Diese Milch wird vom Pächter und Senn auf der Alpe – Tobias Geiger – sowie von dessen Vater Kaspar Geiger selbst zu Käse verarbeitet. Bis zu zwei Tonnen Alp- und Bergkäse werden auf der Alpe Kematsried in einer Alpsaison produziert. Sie werden hauptsächlich im eigenen Hofladen – zusammen mit weiteren

Alpname:	Kematsried
Alptyp:	Sennalpe
Erste urkundliche Erwähnung:	1435
Jahr der Alpanerkennung:	1911
Lage:	am östlichen Ortsrand von Oberjoch
Eigentümer:	Stefan Bentele
Bewirtschafter:	Tobias Geiger
Senn:	Tobias Geiger
Senn verantwortlich seit:	2017
Weiteres Personal:	Familienangehörige
Höhenlage der Weiden:	1140 bis 1420 Meter
Gesamte Alpfläche:	19 Hektar
Nutzbare Lichtweide:	12 Hektar
Milchkühe:	14 Stück
Weitere Tiere:	ca. 10 Pferde, 2 Esel, 3 Ziegen
Besonderheiten:	Bioalpe, Hofladen, Urlaub auf dem Bauernhof, denkmalgeschütztes Alpgebäude

Zu der im Kern uralten Alpe Kematsried gehören eine Käserei und ein Hofladen.

Allgäuer Spezialitäten – verkauft. Auf der Alpe Kematsried kann man außerdem im angrenzenden Wirtshaus – dem ehemaligen Kuhstall – einkehren. Dort genießen Besucher die urige Atmosphäre, umgeben von traditionellen und alten Originalmaterialien und -gerätschaften.

Neben dem Milchvieh sind auch Esel, etliche Haflinger sowie ein weiteres Pferd – ein „Andalusier" – auf der Alpe Kematsried zuhause. Zur Alpe gehört ein Haflingerhof, den Gäste der Alpe, die außerdem Ferienwohnungen und Urlaub auf dem Bauernhof anbietet, ebenfalls besuchen können.

Die Milchkühe der Alpe Kematsried weiden auf dem flachen Gelände um das Alpgebäude herum. Im Hintergrund sind die Gipfel über dem Retterschwangtal zu erkennen.

Bei der Alpe auf dem Ornachrücken war die Wasserversorgung früher ein Problem

1 AHORNET

Die Alpe Ahornet liegt am Ornach-Südhang über Oberjoch. Die rund 94 Hektar große Alpfläche erstreckt sich von 1130 Höhenmetern bis auf 1625 Meter hinauf. Erst seit 1975 ist der in dieser Zeit erschlossene Weidegrund als Alpe anerkannt. Aber die Nutzung der Weiden begann wohl schon spätestens im 18. Jahrhundert. Heutzutage ist der Name Ornach für diese Galtalpe geläufiger. Sie gehört der Wald- und Weidegenossenschaft Oberjoch, die zwölf Mitglieder umfasst. Der Alpmeister und Hirte – Martin Hosp – wird von Tagwerkern unterstützt.

Früher wurde die Alpe als Viehweide betrieben: Fünfmal pro Woche trieb man die Gassenkühe der Oberjocher Landwirte auf die Bergwiesen hinauf. Das Vieh schickte man dort jedoch erst abends nach dem Melken auf die Alpe. In der Regel ist es umgekehrt: Die Kühe werden am Ende des Tages zum Melken hinunter in die Ställe getrieben. Doch da das Weidegebiet am Ornach sehr trocken ist, nur wenig Schatten bietet und es keine Wasserversorgung gab, schonte man die Tiere dadurch, dass man sie nachts auf dem Berg ließ. Erst am Morgen trieb man die Kühe vom Hang des Ornachs wieder zum Melken ins Tal. Für die Milchmenge ist nicht allein die Qualität der Vegetation auf den Weideflächen ausschlaggebend, sondern auch die Länge der täglichen Wege der Kühe. Wegen der großen Entfernung zwischen Stall und Weide fiel die Milchleistung der Rinder auf der Ornach-Alpe folglich nicht befriedigend aus. 1957 baute man deshalb eine Wasserleitung, die von einer Quelle am Steinpasssattel nahe der Hirschalpe gespeist wird. Seit 1958 können die Oberjocher Landwirte ihr Jungvieh zum Sömmern auf den Ornach treiben. Da die Quelle jedoch eine zu geringe Schüttung lieferte, wurde 1999 noch eine Zisterne errichtet, um das kostbare Wasser zu speichern. Früher blieb ein Hirte nachts bei den Milchkühen auf der Alpe. Dafür gab es eine Hirtenhütte, in der die Hüter übernachten konnten. Die Hütte auf der Ornach-Alpe wurde im Jahr 2000 erneuert: Sie liegt 1530 Meter hoch.

65 Stück Galtvieh von insgesamt sechs Beschlägern verbrachten zum Beispiel 2016 den Alpsommer von Anfang Juni bis Ende September auf der 44 Hektar großen Lichtweide der Ornach-Alpe. Die Saison beginnt mit der Vorweide am „Acker"

Alpname/Varianten:	Ahornet, Ornach-Alpe
Alptyp:	Galtalpe
Jahr der Alpanerkennung:	1975
Lage:	am Südhang des Ornachs in Oberjoch
Eigentümer/Bewirtschafter:	Wald- und Weidegenossenschaft Oberjoch
Alpmeister:	Martin Hosp
Hirte:	Martin Hosp
Hirte verantwortlich seit:	1999
Weiteres Personal:	Tagwerker
Höhenlage der Weiden:	1130 bis 1625 Meter
Nutzbare Lichtweide:	44 Hektar
Gesamte Alpfläche:	94 Hektar
Jungvieh:	65 Stück
Viehscheid:	interner Viehscheid ohne Kranzrind und Feier
Besonderheiten:	Weiden erst ab den späten 1950er-Jahren als Galtalpe erschlossen

Die Weiden der Alpe Ahornet erstrecken sich bis zum 1572 Meter hohen Ornachgrat hinauf, wo das Gras schon mal ziemlich dürr werden kann. Im Hintergrund ragen die Berggipfel um das Retterschwangtal in den Himmel.

und endet dort auch mit der Nachweide. Seit dem Ende der 1950er-Jahre wechselten sich die Bauern aus Oberjoch beim „Übersehen" der Tiere ab. Weil die Landwirtschaft im Dorf zurückging, wurde immer häufiger Fremdvieh angenommen. Seit der Mitte der 1980er-Jahre wird die Alpe Ahornet komplett mit Fremdvieh beschlagen. Seit 1985 betreut ein angestellter Hirte das Vieh. Bis 1999 war dies Karl Hosp – der Vater des Hirten von 2018, Martin Hosp. Die Alpsaison endet auf der Alpe Ahornet mit einem internen Viehscheid ohne Kranzrinder und ohne Feier. Das Vieh wird formlos an seine Besitzer zurückgegeben: Dadurch können die Landwirte die Abholung ihrer Rinder flexibel organisieren.

Die Alpe Ahornet liegt nördlich über Oberjoch und bietet einen freien Blick auf den Iseler.

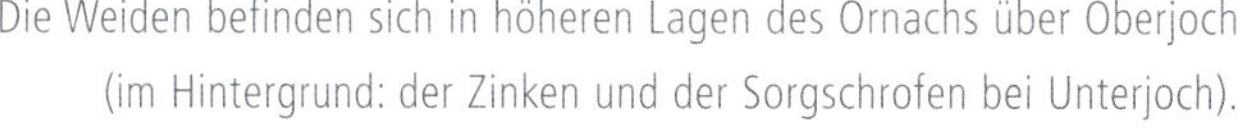

Die Weiden befinden sich in höheren Lagen des Ornachs über Oberjoch (im Hintergrund: der Zinken und der Sorgschrofen bei Unterjoch).

Aus einer Sennalpe am Hang des Iselers wurde eine Galtalpe mit Brotzeitbetrieb

31 OCHSENBERG

Für die Alpe Ochsenberg gibt es viele Namen. Ochsenberg heißt sie unter Einheimischen. Das Dialektwort „Bearg" ist im Oberallgäu ein Synonym für das Wort „Alpe". Denn eine Alpe beinhaltet sowohl die Bergweiden als auch die dazugehörigen Alphütten. Deswegen gibt es auch den Namen Ochsenalpe. Man unterscheidet hier zwischen der Oberen und der Unteren Ochsenberg-Alpe. Das Alpgebäude der ersteren liegt auf 1408 Metern Höhe, das der zweiteren auf 1137 Metern Höhe. Früher wurde die Untere Ochsenberg-Alpe auch als „Gsend" (1787 als „in dem Gsendt") bezeichnet. Das Gebäude der Unteren Ochsenberg-Alpe ist im Kern 150 Jahre alt, die im zweiten Drittel des 20. Jahrhunderts weitgehend erneuerten Bauten der Oberen Ochsenberg-Alpe stammen im Kern aus der Mitte des 19. Jahrhunderts. 1911 wurde die Alpe Ochsenberg offiziell anerkannt. Das Gebiet der heutigen Galtalpe gehört der Wald- und Weidegenossenschaft Bad Oberdorf.

Die Alpe Ochsenberg liegt westlich der Iselerbahn am Nordhang des Iselers. Zum Alpgebiet gehören auch die beiden Vorweiden am Parkplatz der Hirschalpe, die sogenannten Weiherweiden, dazu noch der Obere und der Untere Acker. Von der Alpe hat man eine spektakuläre Aussicht auf Bad Hindelang und Oberjoch sowie auf das Ostrachtal. Bei klarer Sicht schaut man sogar bis auf die Gipfel der Hörnergruppe.

Ob es auf der Alpe Ochsenberg einst wirklich Ochsen gab, ist fraglich. Dass neben Jungrindern Pferde, Ochsen und Stiere gealpt wurden, war aber früher nicht selten. Daran erinnern Alpnamen wie Stierbach oder eben auch Ochsenberg. Auf der Alpe Mitterhaus sömmerten früher erst die Fugger, nach ihnen Augsburger Fürstbischöfe und dann die Wittelsbacher Pferde. Als aber zu Beginn des 19. Jahrhunderts die Käsewirtschaft im Allgäu stetig bedeutender wurde, trieb man immer mehr Milchkühe auf den Berg. Auch auf den Weidegründen der Alpe Ochsenberg wurden damals Milchkühe gesömmert – seinerzeit wurde also auch diese Alpe als Sennalpe betrieben. Bis in die 1950er-Jahre wurde dort gemolken und Milch zu Käse weiterverarbeitet. Doch nach einigen Sommern, in denen auf den Flächen der Alpe Ochsenberg kein Vieh weidete, hat man das Käsen aufgegeben.

Alpname/Varianten:	Ochsenberg, Ochsenalpe
Alptyp:	Galtalpe
Erste urkundliche Erwähnung:	1787
Jahr der Alpanerkennung:	1911
Lage:	am Nordhang des Iselers, westlich der Iselerbahn
Vorweiden:	Weiherweiden am Parkplatz der Hirschalpe, Oberer und Unterer Acker
Eigentümer:	Wald- und Weidegenossenschaft Bad Oberdorf
Bewirtschafter:	Alpgenossenschaft Ochsenberg
Alpmeister:	Helmut Mayer
Hirte:	Uli Haas
Hirte verantwortlich seit:	2012
Höhenlage der Weiden:	1030 bis 1500 Meter
Nutzbare Lichtweide:	52 Hektar
Gesamte Alpfläche:	80 Hektar
Jungvieh:	90 Stück
Besonderheiten:	ganzjähriger Brotzeitbetrieb

Von der Oberen Ochsenberg-Alpe aus bietet sich die weite Aussicht auf das Dorf Oberjoch und den Ornach.

Einige Zeit lang waren die Weiden der Alpe Ochsenberg aber auch den Gassenkühen aus Bad Oberdorf vorbehalten. Die Menschen waren früher arm und konnten sich nur wenig Vieh leisten. Deshalb besaßen viele Familien nur eine oder zwei Kühe. Die Milch der Gassenkühe war für das Überleben aber unverzichtbar: Deshalb wurden die Tiere Abend für Abend von den Tagesweiden zum Melken zurück auf die heimischen Höfe getrieben. Nicht nur Kühe, sondern auch Ziegen ließ man zeitweise am Iseler weiden und dort von einem „Geißer" hüten.

Vom südwestlichen Ortsausgang von Oberjoch führt ein Wanderweg in rund 30 Minuten zur Unteren Ochsenberg-Alpe. Von dort wandert man hinauf zur rund 300 Meter höher gelegenen Oberen Ochsenberg-Alpe.

Immer frische Wiesen für das Jungvieh – aber auch Brotzeiten für Bergwanderer

9 GUND

Auf 1253 Höhenmetern liegt das Gebäude der Alpe Gund am Nordhang des Iselers. 1552 wurde diese Alpe, die ab 1619 vorübergehend wohl im Besitz der Augsburger Fugger war, erstmals als Einödhof urkundlich erwähnt. Wie viele andere Allgäuer Alpen hat man die Weidegründe der Alpe Gund im Jahr 1911 offiziell anerkannt. Sie gehört der Alpgenossenschaft Gund.

Rund 50 Jährlinge weiden während der Alpsaison von Juni bis Mitte September in 1180 bis 1550 Metern Höhe auf den Wiesen der Alpe Gund, die sich hoch über dem Bad Hindelanger Ortsteil Oberjoch erstrecken. 102 Weidetage – also eine ungewöhnlich lange Zeitspanne – gelten hier als Norm. Je nachdem, wie die Wetterlage ausfällt, kann sich das Ende des Alpsommers allerdings auch nach vorn verschieben.

Den Jungrindern stehen hier 50 Hektar artenreiche Nutzweide zur Verfügung – der Weidegrund hat eine hohe Qualität. Nach Regenphasen erholt sich der Boden schnell: Hier bilden sich fast keine sauren Stellen. Auf dem Alpgrundstück gibt es die Weideeinschläge Hof, Schwand, Honigbichl, Melk und den Gunder Köpfle direkt unterhalb des Salewa-Klettersteigs. Dies ist allerdings ein eher steiles und felsiges Gebiet. Jeder dieser Einschläge wird etwa drei Wochen lang beweidet. Weil sich die Weideabschnitte auf sehr unterschiedlichen Höhenlagen befinden, gibt es immer eine frische Wiese als Weide.

Bis vor wenigen Jahren wurde die Alpe Gund noch als eine gemischte Senn- und Galtalpe bewirtschaftet. Der ehemalige Kuhstall, in dem früher die Milchkühe untergebracht wurden, ist heute noch mit verschiedensten originalen Gerätschaften und Melkutensilien – wie zum Beispiel Futtertrögen oder Milchkannen – ausgestattet.

Die Alpe Gund ist auch ein Ziel für Bergwanderer. Sie finden im Alpgebäude ganzjährig bewirtschaftete Gastronomie und Übernachtungsplätze. In (und an Sonnentagen auch an den Biertischen vor) der urigen Hütte genießen Gäste hier typische Allgäuer Spezialitäten wie hausgemachte Kässpatzen, Kuchen oder Brotzeiten mit Bergkäse und Hirschsalami.

Alpname/Varianten:	Gund, Gundalpe
Alptyp:	Galtalpe
Erste urkundliche Erwähnung:	1552
Jahr der Alpanerkennung:	1911
Lage:	Nordhang des Iselers, östlich der Iselerbahn
Eigentümer/Bewirtschafter:	Alpgenossenschaft Gund
Alpmeister:	Michael Schneider
Hirte:	Ernst Schmider
Hirte verantwortlich seit:	2011
Weiteres Personal:	Tagwerker
Höhenlage der Weiden:	1180 bis 1550 Meter
Nutzbare Lichtweide:	50 Hektar
Gesamte Alpfläche:	90 Hektar
Jungvieh:	48 Stück
Besonderheiten:	ganzjährig Brotzeitbetrieb, Übernachtungsmöglichkeit

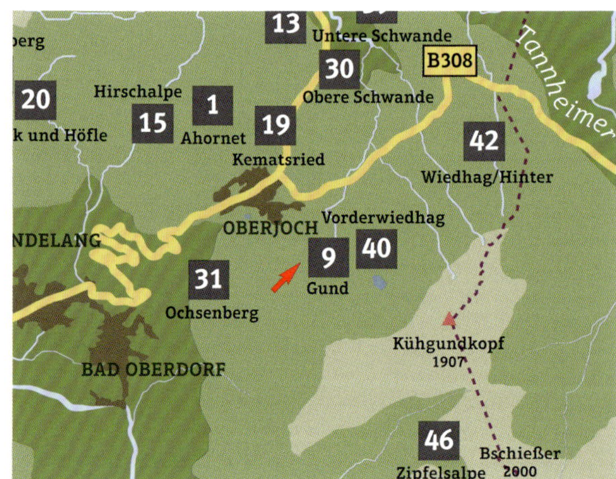

Die Jungrinder bei der Gundhütte scheinen den Regen zu genießen. Die Brotzeitgäste bleiben allerdings bei „schlechtem" Wetter aus.

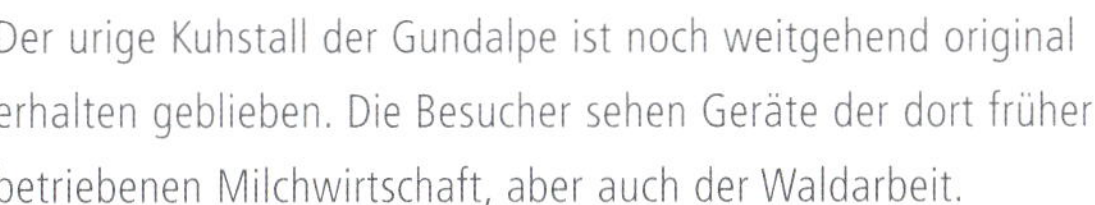

Der urige Kuhstall der Gundalpe ist noch weitgehend original erhalten geblieben. Die Besucher sehen Geräte der dort früher betriebenen Milchwirtschaft, aber auch der Waldarbeit.

Über den Weiden der Alpe Gund schweben die Sessellifte der Oberjocher Iselerbahn.

Auf den Weidenfläche dieser Galtalpe liegt auch der Wiedhag-Sessellift

40 VORDERWIEDHAG

Die Alpe Vorderwiedhag wurde schon 1449 als „der Winthag" erwähnt und um 1500 als Siedlung bezeichnet. Bevor diese Alpe als Galtalpe bewirtschaftet wurde, war sie eine der in Oberjoch weitverbreiteten Sennalpen. Die Flächen in Oberjoch sind allesamt nicht allzu hoch gelegen, hinzu kommt die gute Weidequalität und das nicht sonderlich extreme Gelände, was beste Voraussetzungen für die Milchkuhhaltung bietet. Die 1425 Meter hoch am Iseler errichtete Hofhütte liegt am Nordwesthang des Iselers – genauer gesagt am Hang der Kühgundspitze und des Kühgundkopfes in Oberjoch. Das Weidegebiet erstreckt sich von 1256 bis 1550 Höhenmeter. Nach heutigem Alprecht ist der Weidegrund seit 1911 als Alpe anerkannt.

1906 verschüttete eine Lawine das Alpgebäude. Zunächst wurde nur ein Notstall errichtet, bis man sich 1907 für einen völligen Neubau des Alpgebäudes entschied. Das 1280 Meter hoch gelegene Alpgebäude steht nur wenige Meter von der Bergsesselbahn entfernt. Denn in der Wintersportsaison dienen die Weiden der Alpe Vorderer Wiedhag, wie diese Alpe ebenfalls bezeichnet wird, als Skipiste. Seit 1950 wird das Gebäude deshalb als Unterkunft für Skitouristen genutzt.

Alpname/Varianten:	Vorderwiedhag, Vordere Wiedhag-Alpe
Alptyp:	Galtalpe
Erste urkundliche Erwähnung:	1449
Jahr der Alpanerkennung:	1911
Lage:	am Nordwesthang von Kühgundspitze und Kühgundkopf in Oberjoch
Vorweiden:	am Tufenoy an der Talstation der Hornbahn, beim Café Polite
Eigentümer/Bewirtschafter:	Wald- und Weidegenossenschaft Hindelang Untere Gemeinde
Alpmeister:	Alexander Wechs
Hirte:	Johann Sutter
Hirte verantwortlich seit:	2017
Höhenlage der Weiden:	1256 bis 1550 Meter
Nutzbare Lichtweide:	45 Hektar
Gesamte Alpfläche:	60 Hektar
Jungvieh:	60 Stück
Viehscheid:	zusammen mit Hirschalpe im späten September
Besonderheiten:	Bioalpe, Betrieb mit Hirschalpe verbunden

Die Wald- und Weidegenossenschaft Hindelang teilt sich in eine Obere und eine Untere Gemeinde auf. Für die Vordere Wiedhag-Alpe ist die Wald- und Weidegenossenschaft Untere Gemeinde als Eigentümerin eingetragen. Der Alpmeister wird jeweils von den Mitgliedern der Genossenschaft gewählt. Er kümmert sich um die Verwaltung und den ordnungsgemäßen Alpbetrieb. Zuletzt wurden die Alpe Vorderwiedhag und die Hirschalpe von demselben Hirten betreut.

Die Saison begann früher auf der Vorweide am Café Polite. Anschließend zog der Viehbestand weiter zur Hirschalpe und schließlich auf die Weiden der Alpe Vorderwiedhag hinauf. Ab der Mitte der Alpsaison ging es dann noch einmal zurück auf die Weide am Café Polite und auf die Hirschalpe. Dieser Zyklus in der Weideabfolge blieb noch bis in die 1990er-Jahre erhalten. Doch mit der Zeit wurde das ständige Umziehen der

Die meisten Weiden der Alpe Vorderwiedhag liegen auf für die Rinder eher ungefährlichen Hängen über Oberjoch. Von dort aus genießt der Hirte beispielsweise den Blick auf die Berge der Hörnergruppe.

Die Weiden der Alpe Vorderer Wiedhag liegen über Oberjoch. Diese Alpflächen werden in der Wintersaison als Skipisten genutzt.

Tiere problematisch. Denn eine Herde – damals bestehend aus ungefähr 150 Tieren, davon beinahe 90 Rinder von der Hirschalpe und 60 Rinder von Vorderwiedhag – treibt man nicht einfach mal eben so über eine öffentliche Straße. Damit sowohl den Älplern als auch den Tieren Stress erspart blieb, hat man diesen Viehbestand in zwei Herden aufgeteilt. Die Rechtler der Hindelanger Wald- und Weidegenossenschaft Untere Gemeinde sömmern ihre Galtrinder seitdem auf den Flächen der Hirschalpe, das Fremdvieh weidet dagegen nach wie vor auf den Gebieten der Alpe Vorderwiedhag. Das Jungvieh verbringt dort den Alpsommer auf den Weideeinschlägen um die Hofhütte von Vorderwiedhag – auf dem Ersten, Zweiten oder Dritten Rucke (Rücken).

Eine Mittelalpe – auch wenn sich die Weiden bis hoch in den Fels erstrecken

42 WIEDHAG/HINTER

Die Alpe Hinterer Wiedhag ist ein recht anschauliches Beispiel dafür, wie schwer man sich im Oberallgäu mitunter damit tut, sich bei Alpen auf einen einzigen Namen zu einigen. Hinter Widhag, Hintere Wiedhag-Alpe und sogar Wiedhag/Hinter (so wird die Alpe in der Alpdatei des Milchwirtschaftlichen Vereins aufgeführt) sind weitere Bezeichnungen für diese Oberjocher Alpe, die im Jahr 1787 erstmals – wohl in Unterscheidung zur Dauersiedlung Vorderwiedhag – urkundlich erwähnt wurde. Angeblich soll sich die Geschichte der Alpe über Unterlagen der Rechtler-Jahresversammlungen bis 1630 zurückverfolgen lassen. Die Anerkennung als Alpe erfolgte offiziell 1911.

Die 1335 Meter hoch gelegene Alpe Hinterer Wiedhag war bis 1959 eine Sennalpe. 35 Milchkühe wurden dort gemolken und ein Zuchtstier wurde gehalten. Der Käsekeller war in den Berg hineingebaut: Dort konnten Käslaibe bei niedrigen Temperaturen gelagert werden und reifen. Der Käse war durch den unterirdischen Lagerraum zudem vor Wind und Wetter geschützt. Doch im Jahr 1960 führte das Zusammenwirken mehrerer Faktoren zum Ende auch dieser Sennalpe. Wegen der hier wie überall im Allgäu schwierigen wirtschaftlichen Lage wurde das Käsen aufgegeben. Auch die im gesamten Allgäu immer wieder auftretende Tuberkuloseerkrankung der Rinder trug zu dieser Entwicklung bei. Danach fokussierte sich auch diese Alpe auf die Jungviehhaltung, heute ist sie eine typische Galtalpe.

Mehr als 60 Jungrinder verschiedener Landwirte werden in der Alpsaison von Anfang Juni bis Mitte September auf dem Berg gesömmert. Weideflächen der Alpe erstrecken sich am Ende des Iselers entlang der deutsch-österreichischen Landesgrenze östlich am Kühgundrücken und am Wiedhag hinauf. Westlich grenzen die Weideflächen der Alpe Vorderwiedhag an das Grundstück an. Die beiden Wiedhag-Alpen sind durch die Aufspaltung der Rechtlergemeinde Hindelang in eine Obere und eine Untere Gemeinde entstanden.

Eigentümerin der Alpe Hinterer Wiedhag ist die Wald- und Weidegenossenschaft Hindelang Obere Gemeinde. Diese setzt

Alpname/Varianten:	Wiedhag/Hinter, Hinterer Wiedhag, Hinter Widhag, Hintere Wiedhag-Alpe
Alptyp:	Galtalpe
Erste urkundliche Erwähnung:	1787
Jahr der Alpanerkennung:	1911
Lage:	am Hang von Kühgundrücken und Wiedhag bei Oberjoch
Eigentümer/Bewirtschafter:	Wald- und Weidegenossenschaft Hindelang Obere Gemeinde
Alpmeister:	Max Beßler
Hirte:	Hubert Leising
Hirte verantwortlich seit:	2015
Weiteres Personal:	Tagwerker bei Bedarf
Höhenlage der Weiden:	1260 bis 1500 Meter
Nutzbare Lichtweide:	48 Hektar
Gesamte Alpfläche:	90 Hektar
Jungvieh:	64 Stück
Besonderheiten:	Weiden im Bereich des Grenzwieslifts, im Winter Skipiste

sich aus 53 Rechtlern zusammen. Max Beßler – ein Mitglied der Oberen Gemeinde – war auch 2018 der verantwortliche Alpmeister der Alpe Hinterer Wiedhag. Als er erstmals gewählt wurde, schrieb man das Jahr 1971. Beßler übte sein Amt 2018 also bereits seit fast einem halben Jahrhundert aus. Die Obere Gemeinde ist übrigens auch für die Hornalpe sowie für die Alpen Klank und Höfle zuständig.

Auf 48 Hektar Weide darf sich das Jungvieh während des Alpsommers auf der Alpe Hinterer Wiedhag wohlfühlen. Die Beweidungsgrenzen der nach Norden hin abfallenden Bergwiesen liegen bei 1260 beziehungsweise bei 1500 Höhenmetern. Die Weidezeit beträgt auf dieser Oberjocher Alpe ungefähr 100 Tage, sie kann aber je nach Wetterlage variieren.

Die Weideeinschläge auf der Alpe heißen Untere, Mittlere und Obere Trift sowie Unter der Hütte, Köberle's Rücken und Kühgund. Die oberen Hochlagen werden in der Alpsaison nur einmal beweidet, die niedrigeren Weidegebiete hingegen zweimal. Denn im alpwirtschaftlichen Weidesystem werden zuerst die tieferen Lagen bestoßen, da dort die Vegetation früher einsetzt als auf den Hochweiden. Danach zieht der Viehbestand abschnittsweise immer weiter nach oben. Im Herbst, wenn die Alpsaison langsam zu Ende geht, wird in umgekehrter Reihenfolge von oben nach unten verfahren. Nach den Rindern kommen hier – wenn Schnee auf den Hängen liegt – die Wintersportler. Denn die Weiden beim Grenzwieslift werden im Winter zum „Revier" für Skifahrer.

Die Alpe Hinterer Wiedhag hat den Zwischenstatus einer Mittelalpe. Sie ist zwar keine niedrig gelegene Landalpe – diese liegen gerade einmal zwischen 800 und 1100 Höhenmetern – aber auch noch keine hochalpine Alpe, obwohl Teile des Weidegebiets bis in die Felsen hinauf reichen. Deshalb ist diese Alpe relativ einfach zu bewirtschaften. Doch erst seit dem Jahr 1990 führt ein ausgebauter Wirtschaftsweg bis zum Alpgebäude hinauf. Bis dahin konnte man ausschließlich zu Fuß auf den Berg gehen.

Das Alpgebäude der Hinteren Wiedhag-Alpe liegt auf halber Höhe von Kühgundrücken und Wiedhag.

SECHS ALPEN IM OSTRACHTAL

Das Ostrachtal bei Bad Hindelang, Bad Oberdorf und Vorderhindelang ist ein weites, grünes Tal. Die Weideflächen der dortigen Alpen liegen an den seitlichen Hängen und auf den Bergkuppen. Die oberen Beweidungsgrenzen befinden sich auf circa 1600 Metern. Hochalpinen Charakter haben diese Alpen nicht. Die Herdengrößen sind hier meistens, bedingt durch die eingeschränkten Alpflächen, nicht sehr groß. Manche der heutigen Alpflächen wurden früher als Gassenkuhweiden genutzt. Drei der insgesamt sechs Ostrachtaler Alpen bieten auch Gästebewirtung an: Diese Alpen sind zu Fuß oder mit der Bergbahn gut erreichbar.

Von den an den nach Süden hin ausgerichteten Berghängen des Hirschbergs, des Spiesers oder des Boaleskopfs – jeweils nördlich über dem Dorf Bad Hindelang – gelegenen Alpen genießt man einen weiten Blick über Bad Hindelang, auf das Ostrachtal sowie auf die südlich davon gelegenen Gipfel des Hochgebirges. Fünf der sechs Ostrachtaler Alpen sind im Besitz von vier unterschiedlichen Bad Hindelanger Rechtlergemeinden, lediglich die Alpe Schlierberg ist Privateigentum.

Ein 1493 Meter hoch gelegenes Wanderziel mit Blick auf den Hochvogel

15 HIRSCHALPE

Als „Alp Hirsperg" wurde die Hirschalpe im Jahr 1436 erstmals urkundlich erwähnt. Wenige Jahrzehnte später wurde sie dann schon als „Hirßalp" betitelt. Ob aber tatsächlich Hirsche namensgebend für die 1493 Meter hoch gelegene Hütte waren oder doch vielleicht die sprachliche Verbindung zur nahe gelegenen Alpe Heißeloch, bleibt fraglich. Wobei „Hirß" und „Heiße" womöglich auf das gleiche Wort zurückgeführt werden können, sicher belegt ist dies jedoch nicht. Im Jahr 1911 wurde auch die Hirschalpe offiziell als Alpe anerkannt. Bis 1959 war sie eine Sennalpe, heute wird sie als Galtalpe bewirtschaftet.

Die Hirschalpe hat eine ereignisreiche Historie hinter sich. Laut dem Hindelanger Chronisten Ulrich Scholl brannte 1843 das Alpgebäude ab. Ein Notstall sollte die Zeit überbrücken, bis die Alpe wieder aufgebaut werden konnte. Doch schon ein Jahr später wurde dieser Stall von einer Lawine verschüttet. Schon 1845 hat man sich jedenfalls daran gemacht, das Gebäude vollständig zu erneuern. Noch heute stellt die Lawinengefahr im Winter ein Problem dar. In diesem Fall muss die Hütte gesperrt werden. Der 1924 hinzugebaute ehemalige Schweinestall dient heute beim Brotzeitbetrieb der Alpe als Gastraum. Neben selbstgemachtem Kaiserschmarrn werden hier auch Käse- und Wurstbrotzeiten mit Hirschwurst oder Kaminwurz aufgetischt. Auf der Hirschalpe versorgen zwei Kühe mit Hörnern die Gäste im Sommer mit Frischmilch, aus der hier auch die eigene Bergbutter hergestellt wird. Von der Hirschalpe aus bietet sich den Ausflugsgästen ein atemberaubender Ausblick auf die Bad Hindelanger Berge mit freier Sicht bis zum Gipfel des Hochvogels.

Die Eigentümerin der Hirschalpe ist die Wald- und Weidegenossenschaft Hindelang Untere Gemeinde. Ihr gehören insgesamt 110 Hektar Alpfläche am Südhang des Spiesers oberhalb von Bad Hindelang. Die Weidegründe der Alpe dehnen sich von 1100 Metern bis auf 1650 Höhenmeter hinauf aus. Wie die meisten Galtalpen hat auch die Hirschalpe eine tiefer

Alpname:	Hirschalpe
Alptyp:	Galtalpe
Erste urkundliche Erwähnung:	1436
Jahr der Alpanerkennung:	1911
Lage:	am Südhang des Spiesers oberhalb von Bad Hindelang
Vorweiden:	beim Café Polite
Eigentümer/Bewirtschafter:	Wald- und Weidegenossenschaft Hindelang Untere Gemeinde
Alpmeister:	Alexander Wechs
Hirte:	Johann Sutter
Hirte verantwortlich seit:	2017
Höhenlage der Weiden:	1100 bis 1650 Meter
Nutzbare Lichtweide:	60 Hektar
Gesamte Alpfläche:	110 Hektar
Jungvieh:	85 Stück
Milchkühe:	2 Stück
Weitere Tiere:	Pferde
Viehscheid:	Teilnahme an kleinem Viehscheid
Besonderheiten:	ganzjährig warme Speisen und Brotzeiten, Verbindung zur Alpe Vorderer Wiedhag, Bioalpe

Die Hauptweiden der Hirschalpe erstrecken sich über den Südhang des 1651 Meter hohen Spiesers hoch über Bad Hindelang.

gelegene Vorweide. Auf 850 Höhenmetern liegt die Talweide beim Café Polite. Die dortigen – etwa zehn Hektar großen – Flächen werden bereits Mitte Mai mit der Herde bestoßen.

Um Ende Juni auf die höher gelegenen Weidegebiete der Hirschalpe zu gelangen, muss der Tierbestand über einen

Auf der Hirschalpe werden Milchkühe für den Eigenbedarf des Alppersonals gemolken. Auch die Gäste des Gastronomiebetriebs werden so mit frischer Milch und Bergbutter versorgt.

Der Blick aus der Vogelperspektive auf eine der kleineren Weideflächen, die am Weg hinauf zur Hirschalpe liegen. Sie sind beim Viehtrieb Rastplätze für die Jungrinder, die dort frische Wiesen vorfinden.

alten Viehweg und danach durch die Ortschaft Bad Hindelang getrieben werden – solche großen Viehtriebe findet man heute nur noch selten. Im Anschluss an diesen Viehtrieb gelangt die Herde über den Alten Jochpass auf die Bergwiesen der Hirschalpe. Die Weidegründe der Hirschalpe sind in Parzellen unterteilt – in Einschläge wie den sogenannten Kräher, Am alten Hof und An der Feldalpe. Das hoch gelegene und steinige Gelände der Feldalpe ist ein typischer Standort für das sogenannte Falkengras, besser bekannt als Habichtskraut. Das gelb oder orange blühende Habichtskraut gedeiht auf trockenen und felsigen Böden, also auf eher nährstoffarmen Magerwiesen und heideartigen Weiden. Im Volksglauben soll dieses Korbblütlergewächs die Sehschärfe verbessern: So kam die asternartige Pflanze zu ihrem Namen.

Bis vor zwei Jahrzehnten gehörten einige Weideareale der Vorderen Wiedhag-Alpe noch zur Hirschalpe. Um jedoch die aufwendigen Viehtriebe zu vermeiden, wurden die Herden getrennt: Jede Alpe führt seither ihren eigenen Viehbestand. Mehr als 60 Stück Jungvieh von zwölf Bauern beweiden die Hirschalpe. Die Alpsaison endet nach in der Regel mehr als 100 Weidetagen Ende September beim gemeinsamen Viehscheid mit der Vorderen Wiedhag-Alpe.

Hans Schwarz war bis 2016 noch der Hirte auf der Hirschalpe. Bei seiner Arbeit bot sich ihm ein spektakulärer Blick auf die Bad Hindelanger Bergwelt – unter anderem auch auf den 2592 Meter hohen Hochvogel. Auf diesem Berg verläuft die Landesgrenze zwischen Deutschland und Österreich.

„Heargott schütz dean Bearg und isa Huimat"– ein frommer Wunsch am Gipfelkreuz oberhalb der Hirschalpe. Das Wort „Bearg" bedeutet sowohl Berg als auch Alpe.

Seit dem Jahr 2018 wird die neu erbaute Klank-Hütte gastronomisch bewirtschaftet

20 KLANK UND HÖFLE

Die Alpe Klank und Höfle ist im Besitz der Wald- und Weidegenossenschaft Obere Gemeinde. Offiziell anerkannt wurde diese junge Alpe erst 1950. Nach mehr als 60 Jahren endete 2018 die Zeit, in der die Alpe Höfle und Klank lediglich als Vor- und Nachweide der Alpe Kühbach und der Hintersteiner Galtalpen genutzt wurde. Erst seitdem werden diese Alpflächen im Ostrachtal erneut eigenständig bewirtschaftet. Eine Herde mit 65 Stück Galtvieh wird im Juni auf die Doppelalpe getrieben, der Abtrieb findet Ende September oder Anfang Oktober statt. Zum Strukturwandel auf der Alpe Klank und Höfle gehört auch, dass ein 2017/18 neu errichtetes Alpgebäude mit Brotzeitbetrieb die ehemalige Klank-Hütte ersetzt.

Die Alpe Klank und Höfle liegt zwischen einem Imne genannten Aussichtspunkt und dem Gipfel des 1651 Meter hohen Spiesers. Diese „Doppelalpe" besteht aus zwei heute aber nicht mehr eigenständigen Alpen mit insgesamt 45 Hektar nutzbarer Lichtweide. Auf den Westhängen des Vorderen Hirschbergs, eines der Nebengipfel des Spiesers, befindet sich auf rund 1100 Metern Höhe die untere Weidegrenze des Alpgeländes der 1787 erstmalig urkundlich erwähnten Alpe Höfle. Ihre Weideflächen erstrecken sich bis in eine Höhenlage von ungefähr 1200 Metern. Die relativ tief gelegenen Wiesen können bereits ab Mai mit Vieh bestoßen werden. Die Hütte der Alpe Höfle – auch als Untere Hütte bezeichnet – wurde erst in jüngerer Zeit anstelle eines Vorgängerbaus auf ungefähr 1100 Metern Höhe errichtet.

Auf 1380 Höhenmetern beginnen die Wiesen der Alpe Klank. Ihre höchstgelegene Beweidungsgrenze unter dem Gipfel des Spiesers liegt bei 1550 Metern. Das größte Weidegebiet von Klank befindet sich am West- und Nordhang des Spiesers sowie an der nördlich gelegenen Hirschberg-Halde. Die Klank-Hütte – die sogenannte Obere Hütte – auf 1420 Metern Höhe auf dem früher unerschlossenen Gelände war bis vor Kurzem lediglich ein schlichter Bau, der von Hirten als Schutz vor der Witterung errichtet worden war. 2017 war der Rohbau und

Alpname/Varianten:	Höfle und Klank, Klank und Höfle
Alptyp:	Galtalpe
Erste urkundliche Erwähnung:	Alpe Höfle 1787, Alpe Klank nicht bekannt
Jahr der Alpanerkennung:	1950
Lage:	zwischen Imne und Spiesergipfel
Eigentümer:	Wald- und Weidegenossenschaft Hindelang Obere Gemeinde
Bewirtschafter:	Wald- und Weidegenossenschaft Hindelang Obere Gemeinde
Alpmeister:	Benedikt Morhart
Hirte:	Franz-Josef Höß
Hirte verantwortlich seit:	2018
Höhenlage der Weiden:	1100 bis 1550 Meter
Nutzbare Lichtweide:	45 Hektar
Gesamte Alpfläche:	67 Hektar
Jungvieh:	65 Stück
Milchkühe:	2 Stück
Viehscheid:	Ende September
Besonderheiten:	2 Alpflächen zu einer Alpe vereint, Brotzeitbetrieb auf der Klank-Hütte

schon 2018 der Innenausbau des neuen Alpgebäudes abgeschlossen, das nun sogar über eine Milchkammer und über einen Naturkeller verfügt. Mit diesem Neubau entstand zudem eine Kläranlage nach dem neuesten Stand der Technik. Denn die neue Klank-Hütte bewirtet seit dem Jahr 2018 Gäste auch gastronomisch.

Insgesamt ist die Weidequalität der Alpe Höfle und Klank durchwachsen. Es gibt dort zwar auch feuchte und moosige Stellen, doch am Nord- und Osthang des Spiesers sowie auf den Höfle-Weiden wächst das Gras aufgrund der niedrigeren Lage gut nach. Auf den artenreichen Bergwiesen fehlt es den Tieren nicht an schmackhaften Futterkräutern. Die Wiesen der Gemeinschaftsalpe dienten bis 2018 nicht als Sommerweide, sondern waren die Vor- und Nachweide für mehr als 100 Stück Vieh der Alpgenossenschaft Kühbach. Anfang Juni begann auf dem Gebiet von Höfle und Klank die Vorweide. Der Ulrichstag am 4. Juli war der Talfahrtstag: Dann wurde das Vieh auf die Sommeralpen im Hintersteiner Tal getrieben.

Bis ins Kleinwalsertal reicht die Sicht von den höher gelegenen Weiden der Alpe Klank und Höfle unter dem Gipfel des Spiesers.

2017 war der Rohbau für die Klank-Hütte fertiggestellt. Seit 2018 werden dort Gäste bewirtet.

Eine Alpe mit günstiger Südausrichtung – und mit einem jährlichen „Gschwendertag“

26 MAISCHWANDE

Die selbst in Bad Hindelang nur sehr wenig bekannte Alpe Maischwande liegt – westlich der Alpe Klank und Höfle – hoch über dem Bad Hindelanger Ortsteil Gailenberg. Ihre Weideflächen erstrecken sich unter dem 1525 Meter hohen Gipfel des Tiefenbacher Ecks von der Weißen Platte bis zu den Hängen des auch Boaleskopf genannten 1470 Meter hohen Schliebergs. Die untere Weidegrenze dieser Alpe liegt bei rund 1200 Metern Höhe, die obere bei ungefähr 1500 Metern. Die Maischwande ist eine reine Galtalpe, die erst im Jahr 1970 offiziell als Alpe anerkannt wurde. Knapp 32 Hektar ihrer insgesamt 53 Hektar großen Alpfläche bestehen aus Wald, nur rund 21 Hektar sind Lichtweide.

Durch einen Forstweg ist die Alpe erschlossen. Ein gemauertes Alpgebäude existiert dort allerdings nicht mehr. Denn die Alpe Maischwande war um 1880 aufgelassen worden, obwohl sie wegen ihrer günstigen Ausrichtung nach Süden bereits früh im Mai von Jungvieh beschlagen werden konnte. Rund 70 Jahre später begann man jedoch, die Wiesen der ehemaligen Alpe erneut als Viehweide zu nutzen. Seit den 1950er-Jahren wurde die Maischwande wieder mit bis zu 28 Stück Galtvieh aus Gailenberg, aus Imberg und aus Vorderhindelang sowie mit Jungrindern aus anderen Orten des Ostrachtals bestoßen. Heute stammt das Galtvieh nur noch aus dem Weiler Gailenberg sowie aus dem Ostrachtal. Rinder auswärtiger landwirtschaftlicher Betriebe werden hier nicht auf die Bergwiesen getrieben.

Heute gibt es auf der Alpe Maischwande lediglich noch zwei kleine Hirtenhütten als Notunterstand sowie für das Material. Bewirtschaftet wird die Alpe Maischwande ohnehin vom Weiler Gailenberg aus. Auch heute beginnt der Alpsommer auf der Maischwande um den 10. Mai. Rund 120 Weidetage sind hier die – außergewöhnlich lange – Norm. Der Viehscheid findet in der Regel Ende September statt.

Da das Gelände der Alpe Maischwande sehr stark verbuscht und die Bewaldung ohne regelmäßige Pflege stark zunehmen würde, findet hier jährlich ein sogenannter „Gschwendertag“ statt. Dabei wird der unerwünschte Aufwuchs von Büschen und Bäumen von den Bergwiesen entfernt: ein Vorgang, den man als „schwenden“ bezeichnet. An der Arbeit müssen sich

Alpname:	Maischwande
Alptyp:	Galtalpe
Erste urkundliche Erwähnung:	nicht bekannt
Jahr der Alpanerkennung:	1970
Lage:	südlich des Tiefenbacher Ecks
Eigentümer/Bewirtschafter:	Wald- und Weidegenossenschaft Gailenberg
Alpmeister:	Martin Adelgoß
Hirten:	Barbara Miller, Martin Adelgoß
Nutzbare Lichtweide:	21 Hektar
Gesamte Alpfläche:	53 Hektar
Höhenlage der Weiden:	1200 bis 1500 Meter
Jungvieh:	20 Stück
Viehscheid:	bis Ende September, je nach Witterung

sämtliche Mitglieder der Wald- und Weidegenossenschaft Gailenberg beteiligen. Wer nicht mitmachen will oder kann, muss dafür einen finanziellen Beitrag leisten.

Solche Gemeinschaftsarbeiten haben traditionell einen hohen Stellenwert. In früheren Jahren hat man zum Beispiel auch die Zaunpfähle für die Alpe selbst hergestellt. Dazu hat man junge Fichten umgesägt, die Rinde abgeschält und die Stämmchen danach trocknen lassen. Aus dem durren Holz wurden im Jahr darauf die Pfähle für die Weidezäune.

Oberhalb des hoch über dem Ostrachtal gelegenen Weilers Gailenberg erstreckt sich das Alpgelände der Maischwande. Weit mehr als die Hälfte dieser 53 Hektar umfassenden Galtalpe besteht aus bewaldeten Flächen.

Der wohl höchstgelegene Fischteich Deutschlands – Forelle frisch von der Alpe

33 SCHLIERBERG

Die Alpe Schlierberg zählt sowohl zu den kleinsten als auch zu den weniger bekannten Alpen von Bad Hindelang. Der Name dieser Alpe leitet sich vom mittelhochdeutschen Wort „slier" (Lehm oder Schlamm) ab. Hier fließen kleine Quellbäche zum Ursprung des Hirschbachs zusammen. Aus diesem Grund bilden sich auf den Bergwiesen mitunter Feuchtflächen. Die Folge sind Schwankungen bei der Weidequalität.

Tatsächlich wurde der Schlierberg zum ersten Mal als Heuwiese – und zwar bereits 1410 – erwähnt. Für das Jahr 1560 findet sich die Anmerkung, das Gelände sei Teil einer Rossalpe gewesen. Die Vorweiden der Alpe Schlierberg befinden sich auf dem Roharte am Höfler Weg unterhalb der Alpe Klank. Das Weidegebiet gehörte vormals zu einer längst aufgelassenen Sennalpe. Die Alpe Schlierberg selbst war einst wohl eine Besitzung des Hochstifts Augsburg. 1980 erwarben Hans-Jörg Haug und seine Ehefrau Bertl das seit Jahren brach liegende und verbuschte Gelände, um es dann wieder zu nutzbaren Weideflächen umzugestalten. Heute bewirtschaftet ihr Sohn Markus Haug gemeinsam mit der Familie das insgesamt 30 Hektar große Gebiet dieser erst 1990 offiziell anerkannten Galtalpe. Die Alpe Schlierberg zählt zu den wenigen Bad Hindelanger Alpen, die der Eigentümer selbst bewirtschaftet.

Die Alpsaison auf der Alpe Schlierberg beginnt bei rund 1350 Höhenmetern mit der Vorweide im Roharte. Dorthin werden die Tiere am Ende des Alpsommers dann auch zur Nachweide getrieben. Die bis zu 1600 Meter hoch gelegenen Alpflächen bestehen aus mehreren Mischweiden. Dort teilen sich ungefähr 15 Jungrinder die 20 Hektar große Lichtweide mit einem halben Dutzend Haflinger. Dabei kommt zuerst das Galtvieh in den Genuss des frischen Grüns: Denn die Rinder sind in Bezug auf die Qualität des Grases wählerischer als die genügsameren Pferde, die danach die Reste abweiden dürfen.

Mit Ausnahme der tiefer liegenden Vor- und Nachweide gibt es auf der Alpe Schlierberg kein abschnittsweises Auf- und Abtreiben des Viehbestandes. Der Grund dafür ist der geringe

Alpname:	Schlierberg
Alptyp:	Galtalpe
Erste urkundliche Erwähnung:	1410
Jahr der Alpanerkennung:	1990
Lage:	nördlich von Bad Hindelang unter dem Boaleskopf
Vorweiden:	auf Flächen einer früheren Sennalpe, dem Roharte
Eigentümer/Bewirtschafter:	Markus Haug
Alpmeister:	Markus Haug
Hirte:	Markus Haug
Hirte verantwortlich seit:	2010
Weiteres Personal:	Familienangehörige
Höhenlage der Weiden:	1350 bis 1600 Meter
Nutzbare Lichtweide:	20 Hektar
Gesamte Alpfläche:	30 Hektar
Jungvieh:	16 Stück
Weitere Tiere:	7 Haflinger
Besonderheiten:	Fischteich auf 1500 Metern Höhe, Haflinger, eine der wenigen vom Eigentümer selbst bewirtschafteten Bad Hindelanger Alpen

Höhenunterschied in der Gesamtfläche. Da die großflächige Ausdehnung über mehrere Höhenstufen fehlt, macht die sogenannte Stafelwirtschaft hier keinen Sinn. Deshalb werden hier die Weideeinschläge je nach Bedarf einfach immer wieder neu eingeteilt.

Unterhalb des auf einer Höhe von 1535 Metern gelegenen Alpgebäudes hat die Alpe Schlierberg eine Besonderheit zu bieten: In einem 1500 Meter hoch gelegenen Teich tummelt sich eine Vielzahl von Regenbogenforellen. Neben diesen Fischen bevölkern Libellen, Frösche, Teichmolche und weitere Arten den von der Eigentümerfamilie angelegten Teich. Vor Jahren hat Hans-Jörg Haug Quellen und einen Bachzulauf genutzt, um das kleine Gewässer anzustauen. Aus dem Teich hat sich mittlerweile ein artenreiches Biotop entwickelt. In den letzten Tagen des Monats September neigt sich nicht nur der Alpsommer für die Rinder dem Ende zu. Auch der Forellenteich der Alpe Schlierberg – er ist möglicherweise der höchstgelegene Fischteich Deutschlands – wird vor dem ersten Frost abgefischt.

Das Alpgebäude liegt im oberen Bereich der Weiden der Alpe Schlierberg – es wurde auf einer Höhe von 1535 Metern errichtet. Die obere Weidegrenze dieser Alpe liegt bei 1600 Metern.

Fisch frisch von der Alpe – gemeinsam mit seinem Sohn Luitpold holt Markus Haug Regenbogenforellen aus dem Wasser des wohl höchstgelegenen Fischteichs in Deutschland.

Eine tief gelegene Alpe am Imberger Horn mit Weiden unter dem Burgschrofen

5 BLÖRCHA

Die Alpe Blörcha gehört der Wald- und Weidegenossenschaft Vorderhindelang. Sie zählt zu den „jungen" Alpen, da sie erst im Jahr 1957 offiziell anerkannt wurde. Bis Ende der 1950er-Jahre dienten die Weidegründe der Alpe den ganzen Sommer über als Jungviehweide. Zuvor grasten dort nur Gassenkühe aus Vorderhindelang. Die um die 1000 Meter hoch gelegenen Flächen wurden also nur als Tagesweide genutzt.

2004 änderte sich die Weidenutzung der Alpe Blörcha: Ihre Flächen werden seit diesem Jahr als Vor- und Nachweide der Hintersteiner Galtalpen genutzt. 2018 diente die Alpe Blörcha als reine Vor- und Nachweide der Alpe Kühbach. Nach wie vor gilt Blörcha jedoch als eigenständige Alpe. Die Saison mit insgesamt knapp 120 Weidetagen beginnt hier mit der Vorweidezeit Ende Mai, die ungefähr einen Monat dauert. Insgesamt 80 Stück Jungvieh verbringen die ersten Wochen des Frühjahrs gemeinsam auf den 27 Hektar umfassenden Lichtweiden der Alpe Blörcha. Das hat den Vorteil, dass die Flächen besser abgeweidet werden und sich dadurch die Weidequalität in den höheren Lagen verbessert. Denn früher – als das Gebiet der Alpe Blörcha noch ausschließlich als Jungviehweide genutzt und zudem mit weniger Vieh bestoßen wurde – war das Gras auf den Wiesen bereits alt geworden, bevor man mit den Rindern überhaupt in die höheren Lagen gezogen war.

Ein 2015 fertiggestellter Weg bis zur 1150 Meter hoch gelegenen Hirtenhütte erleichtert die Bewirtschaftung dieser Alpflächen. Sie liegen am Nord-West-Hang des sogenannten Burgschrofen – ein Felsvorsprung an der Nordflanke des Imberger Horns. Die oberen Weiden reichen dort bis auf 1250 Höhenmeter hinauf. Auf einer dieser höheren Weiden steht ein Inschriftenstein mit dem Wortlaut: „Viehberge Hindelang unterm Burgschrofen, genannt Burg".

Zur Alpe Blörcha gehören heute auch die tiefer – auf nur rund 850 Metern Höhe – gelegenen Alpflächen im Bereich der Schliermoosweide. Dort finden im Übrigen im Winter die traditionellen Hornerschlittenrennen statt. Ein großer Teil des

Alpname/Varianten:	Blörcha, Blörcha-Alpe
Alptyp:	Galtalpe
Jahr der Alpanerkennung:	1957
Lage:	am nordwestlichen Hang des Burgschrofen bei Vorderhindelang
Eigentümer/Bewirtschafter:	Wald- und Weidegenossenschaft Vorderhindelang
Alpmeister:	Florian Braunsch
Hirte:	Florian Braunsch
Hirte verantwortlich seit:	2004
Weiteres Personal:	Familienangehörige, Mitglieder der Wald- und Weidegenossenschaft Vorderhindelang
Höhenlage der Weiden:	850 bis 1250 Meter
Nutzbare Lichtweide:	27 Hektar
Gesamte Alpfläche:	40 Hektar
Jungvieh:	80 Stück
Viehscheid:	kleiner Viehscheid auf der Wies
Besonderheiten:	Alpe Blörcha ist ausschließlich Vorweide der Alpe Kühbach, Gedenkstein auf der Viehweide

Ein Gedenkstein auf einer der oberen Weiden trägt die Inschrift: „Viehberge Hindelang unterm Burgschrofen, genannt Burg". Der Burgschrofen ist ein Felsvorsprung am Nordhang des Imberger Horns hoch über dem Ostrachtal und dem Dorf Bad Hindelang.

Alpgebiets ist bewaldet. Solche Waldbestände zählen zwar nicht zur nutzbaren Lichtweide, haben aber den Vorteil, dass sie den Rindern als Unterschlupf dienen können. Im Sommer spenden die Bäume Schatten, bei Unwetter bieten sie Schutz vor Wind und Regen.

Die Kühbach-Herde zieht am Talfahrtstag von Vorderhindelang zur Sieche vor das Giebelhaus und danach weiter zur Fuß-Hütte. Zum Ende der Weidesaison wird die Kühbach-Herde noch einmal – nunmehr zur Nachweide – auf die Wiesen der Alpe Blörcha getrieben: Je nach Wetterlage kann die Zeit der Nachweide für bis zu 70 Jungrinder bis Mitte Oktober dauern.

Die Weiden der Alpe Blörcha liegen oberhalb von Vorderhindelang. Im Hintergrund ist Oberjoch zu erkennen.

Eine alte Alpe unter dem Imberger Horn – mit Brotzeitbetrieb und Freiluftgalerie

16 HORNALPE

Die Hornalpe bietet mehr als 17 Hektar nutzbare Lichtweide in Höhenlagen zwischen 1150 und 1300 Metern. Laut dem Chronisten des Ostrachtals – Ulrich Scholl – ist das Wort Horn gleichbedeutend mit Bergspitze. Und in der Tat grenzen die höchstgelegenen Weiden der Hornalpe an felsiges Steilgebiet des 1655 Meter hohen Imberger Horns an, das sich südlich über dem Dorf Bad Hindelang erhebt.

Die Hofhütte der im Jahr 1911 anerkannten Hornalpe wurde 1858 erstmals beurkundet. Man kann aber davon ausgehen, dass die Weidegründe wegen ihrer praktischen Lage nahe der Ortschaft Hindelang bereits viel früher landwirtschaftlich genutzt wurden. Wahrscheinlich dienten die tief gelegenen Flächen früher den Hindelanger Gassenkühen als Tagesweide.

Das Alpgebäude der Hornalpe ist mindestens 300 Jahre alt. Es wurde aus Alpgestein und Kalk gemauert. Im Jahr 2012 hat man das Bauwerk renoviert. Dabei wurde Wert darauf gelegt, historische Bauteile zu erhalten und gegebenfalls wiederzuverwenden. So wurde zum Beispiel aus einer Tür ein Tisch gezimmert. Der Charme des alten Gebäudes blieb durch die behutsame Renovierung erhalten. Die 1223 Meter hoch gelegene Hütte trägt auch den Namen „Sennele". Dies ist historisch bedingt, denn bis Anfang des 20. Jahrhunderts war die Hornalpe ein kleiner Sennbetrieb mit knapp 20 Milchkühen. Der Sennkeller und die Käseküche sind erhalten geblieben. Und noch bis ins Jahr 2010 wurde vom damaligen Hirten in geringen Mengen Weichkäse hergestellt.

Heute wird die Hornalpe – Eigentümerin ist die Wald- und Weidegenossenschaft Hindelang Obere Gemeinde – jedoch als Galtalpe mit etwa 30 Stück Jungvieh betrieben. Die Jungrinder werden zu Beginn der Alpsaison Anfang Juni auf den Berg hinauf getrieben. Die Herde der Hornalpe besteht überwiegend aus Allgäuer Braunvieh. Manchmal können aber auch Weißblaue Belgier, die Muskelpakete unter den Rindern, die Herde ergänzen. Aufgrund einer natürlichen Genmutation dieser Rasse wird das Muskelwachstum der Tiere nicht ge-

Alpname:	Hornalpe
Alptyp:	Galtalpe
Erste urkundliche Erwähnung:	1858
Jahr der Alpanerkennung:	1911
Lage:	am nordöstlichen Hang des Imberger Horns oberhalb von Bad Hindelang
Vorweiden:	Straußberg-Alpe
Eigentümer:	Wald- und Weidegenossenschaft Hindelang Obere Gemeinde
Bewirtschafter:	Wald- und Weidegenossenschaft Hornalpe
Alpmeister:	Raffael Schmid
Hirte:	Sepp Schmid
Hirte verantwortlich seit:	2011
Weiteres Personal:	Familienangehörige, Tagwerker
Höhenlage der Weiden:	1150 bis 1300 Meter
Nutzbare Lichtweide:	17 Hektar
Gesamte Alpfläche:	69 Hektar
Jungvieh:	30 Stück
Besonderheiten:	Brotzeitbetrieb

hemmt. Darum setzen die Rinder an fleischtragenden Partien besonders viel und fettarme Muskelmasse an.

Umgeben von Buckelwiesen und Fichtenbeständen liegt die Hornalpe auf 1223 Metern Höhe auf einem Hang des Imberger Horns südlich des Dorfes Bad Hindelang.

Die Weideabschnitte beginnen unterhalb des Alpgebäudes nordöstlich am Hang des Imberger Horns und erstrecken sich bis hinauf zur Bergstation der Hornbahn. Die Weiden der Hornalpe unterscheiden sich jedoch aufgrund ihrer nicht sehr stark variierenden Höhenlagen (die niedrigsten und höchsten Beweidungsgrenzen differieren lediglich um 150 Höhenmeter) nur wenig. Das führt dazu, dass das Gras auf allen Wiesen ungefähr zur selben Zeit weidereif wird. Auf den Alpflächen oberhalb der Alphütte findet sich jedenfalls eine gute Weidequalität. Die Hänge sind hier nicht allzu steil und bieten dem dort grasenden Jungvieh artenreiche Bergwiesen mit einer Vielfalt an Futterkräutern.

In noch höheren Welderegionen am Imberger Horn wird der Hang jedoch etwas steiler und damit auch felsiger. Hier ist es aufgrund der geringen Bodenüberdeckung kaum mehr möglich, Hagstäbe (Pflöcke) für die Weidezäune in den Untergrund

Der „Maler-Sepp" – der Hirte der Hornalpe – findet seine Motive auf den Weiden um das Alpgebäude. Seine Werke stellt der Freizeitkünstler gelegentlich in den Wiesen der Alpe aus, die so zur Freiluftgalerie werden. Im Hintergrund ist eine Gondel der nahen Hornbahn zu erkennen.

zu rammen. Der Alpsommer endet für einen Teil des Jungviehs auf dieser Alpe mit einem Viehscheid.

Der Brotzeitbetrieb auf der Hornalpe versorgt die Gäste mit Allgäuer Spezialitäten. Neben Braten- und Käsesulz und einer großen Brotzeitplatte mit Wurst, Käse, Tomatenbrot sowie feinen Wildkräutern bietet man hier auch eine große Auswahl an Kuchen an – alles hausgemacht sowie aus regionaler Produktion. Die Hornalpe ist für Gäste übrigens leicht zu erreichen: Von der Bergstation der Hornbahn aus sind es nur noch 15 Minuten über einen bequemen Gehweg bis zur bewirtschafteten Alpe.

Neben dem Gastronomiebetrieb bietet die Hornalpe noch einen weiteren Grund für den Besuch: Der Hirte Sepp Schmid ist auch ein leidenschaftlicher Maler. Sein Lieblingsmotiv ist Vieh, und zwar nicht nur braun, sondern kunterbunt in allen möglichen Farben. An sonnigen Tagen kann man seine Werke auf den Wiesen bei dieser Alpe – quasi in einer Freiluftgalerie – bewundern. Auf der Weide kommen sich die Gemälde und ihre Motive – die Kühe – dann sehr nah.

Generationen von Hirten haben auf der Hornalpe ihre Spuren hinterlassen. Diese Schnitzerei an einer der Türen entstand augenscheinlich schon im Jahr 1893.

Das Alpgebäude der Hornalpe ist über einen befestigten Wirtschaftsweg für die Betreiber der dortigen Gastronomie auch mit dem Auto zu erreichen. Besucher können die Alpe über einen bequemen Gehweg ab der Bergstation der Hornbahn hoch über Bad Hindelang erreichen.

Der Herd der Hornalpe gleicht einem Museumsstück. Doch dieses Bild trügt: Die Küche dieser bewirtschafteten Alpe wird täglich benutzt.

FÜNF ALPEN IM RETTERSCHWANGTAL

Der Name Retterschwang wurde 1361 als „ze Raeterswank" zum ersten Mal urkundlich erwähnt. Das deutet darauf hin, dass das Retterschwangtal vermutlich das am längsten besiedelte Gebirgstal auf dem heutigen Gemeindegebiet von Bad Hindelang sein dürfte. Der Namensbestandteil „Raeter" dürfte wohl auf einen frühen Besitzer verweisen. Das Wort „Wank" bedeutet Biegung, das Wort „Wang" steht dagegen für ein flaches Weideland. Beide Begriffe würden als topografische Angaben durchaus einen Sinn ergeben: Denn auf den Wiesen der Alpe Mitterhaus, der Alpe Ställen und der Alpe Hornbach findet man relativ flache Talweiden. Das nördlich von Bad Oberdorf beginnende Retterschwangtal – es wird auch Retterschwanger Tal genannt – verläuft aber auch in weit geschwungenen Talbögen in Richtung Südwesten, durch die sich die Bsonderach schlängelt. Dieser kleine Gebirgsbach mündet östlich der Hornwiesen in die Ostrach.

Die höher gelegenen Bergwiesen der Alpe Hasenegg und der Alpe Häbelesgund haben durchaus hochalpinen Charakter. Denn diese beiden Alpgebiete im Retterschwangtal reichen immerhin bis in felsige Regionen auf mehr als 1800 Höhenmetern hinauf.

Diese niedrig gelegene Alpe dient heute als Vor- und Nachweide der Alpe Hasenegg

17 HORNBACH

Als Ulrich Scholl – der Chronist des Ostrachtals – 1986 seine Aufzeichnungen und Forschungsergebnisse (auch) zur Alpwirtschaft in Bad Hindelang veröffentlichte, widmete er der kleinen Alpe im Retterschwangtal nur ein vergleichsweise kurzes Kapitel. Dieses Kapitel betitelte der Ortshistoriker aber mit dem alternativen Namen Hornbächle. Darin hielt er fest, dass die heutige Alpe Hornbach im Jahr 1585 erstmals als Alpe beurkundet wurde. Offiziell wurde Hornbach aber erst 1950 als Alpe anerkannt.

Scholl erwähnt noch einen älteren, heute wohl nicht mehr gebräuchlichen Namen für die Alpe Hornbach. Sie wurde nämlich auch Älpele genannt, als 1619 der Hindelanger Bauer Konrad Hippold den dortigen, niedrig gelegenen Weidegrund an einen prominenten Käufer veräußerte: Der neue Besitzer hieß Hieronymus Fugger. Der reiche Augsburger dürfte die unweit vom Fugger'schen Stutenhof in Hindelang gelegenen Hornwiesen sicherlich zur Sömmerung von Pferden genutzt haben. Bereits 1646 verkauften die Fugger ihre Hindelanger Besitzungen – und damit auch die Alpe Hornbach – weiter. Schon der Chronist Ulrich Scholl hielt fest, dass die unter dem 1655 Meter hohen Imberger Horn gelegene Alpe Hornbach als Vor- und Nachweide der Alpe Hasenegg diente. Auch die im Jahr 1832 taggenau festgesetzte Weidezeit führte er auf: Damals erstreckte sie sich vom 23. Mai bis zum 4. Juli sowie vom 14. September bis zum 16. Oktober.

Bis heute werden die Weiden um die nur 1029 Meter hoch gelegene Hütte der Alpe Hornbach durch die Alpe Hasenegg mitbewirtschaftet. Die Weideflächen der lediglich 13 Hektar großen Galtalpe Hornbach erstrecken sich zwischen der unteren Beweidungsgrenze bei 1020 Höhenmetern sowie der oberen Beweidungsgrenze, die bei 1150 Metern liegt. Diese Wiesen am kleinen Hornbach dienen der Herde der Alpe Hasenegg im Frühsommer als Vorweide. Am Ende des jährlichen Weidezyklusses und damit zugleich zum Abschluss der Alpsaison werden noch einmal Jungrinder von den Weiden der ebenfalls durch Hasenegg mitbewirtschafteten Alpe Ställen auf die tiefer gelegenen Hornwiesen der Alpe Hornbach getrieben.

Alpname/Varianten:	Hornbach, Hornbächle
Alptyp:	Galtalpe
Erste urkundliche Erwähnung:	1585
Jahr der Alpanerkennung:	1950
Lage:	am Hornbach östlich des Imberger Horns
Eigentümer:	Alpgenossenschaft Hornbach
Bewirtschafter:	Alpgenossenschaft Haseneck
Alpmeister:	Josef Berktold
Hirte:	Albert Lipp
Hirte verantwortlich seit:	2017
Weiteres Personal:	Tagwerker der Hintersteiner Galtalpen
Höhenlage der Weiden:	1020 bis 1150 Meter
Nutzbare Lichtweide:	12 Hektar
Gesamte Alpfläche:	13 Hektar
Jungvieh:	ab Anfang Juni 140 Stück, ab Anfang Juli 240 Stück
Besonderheiten:	Bioalpe, die Alpe Hornbach wird von der Alpgenossenschaft Haseneck mitbewirtschaftet

Die kleine Alpe Hornbach wird von der Alpe Hasenegg mitbewirtschaftet und dient als niedrig gelegene Vor- und Nachweide. Die Alphütte von Hornbach steht auf einer Höhe von 1029 Metern.

Ein Fernglas hilft dem Hirten, die Herde auf den Hornwiesen unter dem Gipfel des Imberger Horns zu überblicken.

Die reichen Fugger, Augsburger Bischöfe und Wittelsbacher waren Vorbesitzer

27 MITTERHAUS

Die Alpe Mitterhaus ist eine der ältesten urkundlich erwähnten Alpen von Bad Hindelang. Im Jahr 1361 wurde diese Alpe erstmalig als Siedlung genannt. Sie wurde als „Mitterhüs" oder auch „Mittleres Hüs" bezeichnet, weil das Alpgebäude in der Siedlung zwischen dem Vorderen Haus – dem Rautwies-Hof – und dem Hinteren Ställen-Hof lag. Das war zu jener Zeit, als ortsansässige Bauern aus dem Illertal und aus dem Ostrachtal auch das Retterschwangtal besiedelten.

Die Alpe Mitterhaus blickt auf eine besonders facettenreiche, von prominenten Namen geprägte Besitzgeschichte zurück: Unter den Eigentümern waren auch die reichen Augsburger Fugger. Sie verlegten 1572 eine Stutenzucht ins Ostrachtal und erwarben den Stutenhof im Dorf Hindelang. 1618 kaufte Graf Maximilian Fugger-Babenhausen das Gut Retterschwang, und 1643 übernahmen die Fugger schließlich auch noch das Gut Mitterhaus. Mehr als 200 Pferde sollen zu dieser Zeit im Tal gesömmert worden sein. Doch schon 1646 – finanziell von den Folgen des Dreißigjährigen Kriegs gebeutelt – gaben die Fugger die Alpe Mitterhaus ab. Seit 1666 (und noch bis zur Säkularisation im Jahr 1803) gönnten sich die Augsburger Bischöfe den Luxus, in Hindelang und auf der Alpe Mitterhaus Pferde zu sömmern. 1805 wurde Mitterhaus zum Zentrum eines Militärfohlenhofs. Als die Pferdezucht an Bedeutung verlor, ging die Alpe Mitterhaus 1900 per Tauschvertrag an Prinzregent Luitpold von Bayern über. Eine Gedenktafel am Alpgebäude erinnert auch daran, dass Mitterhaus seit 1909 von S.K.H. (Seiner Königlichen Hoheit) Prinz Konrad von Bayern als „Alpsennerei" betrieben wurde. Obwohl dieser Wittelsbacherspross eher zu den weniger bekannten gehört, verbinden sich mit ihm äußerst prominente Namen: Mütterlicherseits war er ein Enkel des österreichischen Kaisers Franz Joseph I. und dessen Gemahlin – Kaiserin Elisabeth („Sisi").

Aus dem Nachlass des Prinzen Eugen von Bayern erfolgte 2003 der Verkauf der Alpe an einen Augsburger Industriellen. Heute wird das Alpgelände von der Gutsverwaltung Hinterstein Stärker GbR verpachtet. Pächter der Alpe Mitterhaus ist der Hindelanger Benedikt Beßler. Gemeinsam mit seiner

Alpname/Varianten:	Mitterhaus, Mitterhüs
Alptyp:	Sennalpe, Galtalpe
Erste urkundliche Erwähnung:	1361
Jahr der Alpanerkennung:	1911
Lage:	in den Tallagen des Retterschwangtals in Bad Hindelang
Eigentümer:	Gutsverwaltung Hinterstein Stärker GbR
Bewirtschafter:	Benedikt Beßler
Hirte:	Benedikt Beßler
Hirte verantwortlich seit:	2010
Weiteres Personal:	Zusenn
Höhenlage der Weiden:	1050 bis 1200 Meter
Nutzbare Lichtweide:	52 Hektar
Gesamte Alpfläche:	185 Hektar
Jungvieh:	45 Stück
Milchkühe:	20 Stück
Weitere Tiere:	15 Schweine
Besonderheiten:	Brotzeitbetrieb, Sennerei, denkmalgeschütztes Gebäude

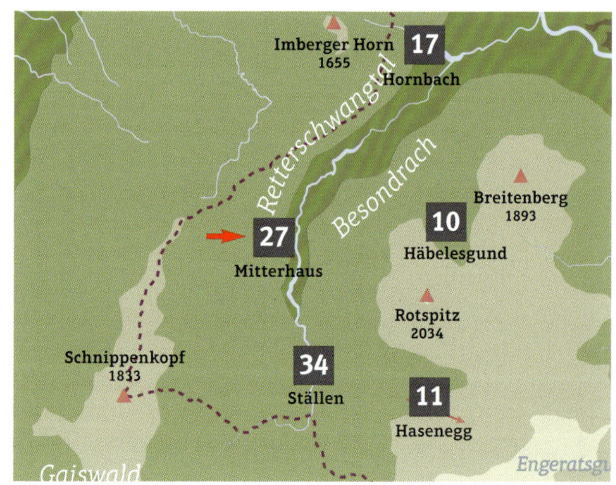

Die Weideflächen der Alpe Mitterhaus liegen durchwegs auf tiefer gelegenen und für das Vieh ungefährlichen Lagen. Seit Jahren ist hier kein Unfall vorgekommen.

Partnerin Lena Behrendes bewirtschaftet er die Alpe. Beßler ist in seiner Funktion als Alpmeister und Hirte auch für den ordnungsgemäßen Alpbetrieb verantwortlich.

Offiziell als Alpe anerkannt wurde die Alpe Mitterhaus 1911. Um das als Denkmal geschützte Alpgebäude liegen 52 Hektar nutzbare Lichtweide. Die Nutzflächen dieser Alpe beginnen in relativ niedrigen Tallagen von nur rund 1050 Metern. Höher gelegene Weiden erstrecken sich bis auf 1200 Meter hangaufwärts. Diese Bergwiesen liegen beiderseits der Ufer eines Gebirgsbachs namens Bsonderach. Die Hochweiden zweier Nebenalpen von Mitterhaus – Kohlersberg und Vordere Schnippe – werden heute von der nahe gelegenen Alpe Hasenegg bewirtschaftet.

Die Alpe Mitterhaus ist wegen des dortigen Brotzeitbetriebs ein bekanntes Ziel für Wanderer und Ausflugsgäste.

Eine Gedenktafel an der Fassade der Alpe erinnert an ihre prominenten Vorbesitzer.

Die Weidesaison beginnt auf der Alpe Mitterhaus Ende Mai und dauert bis Ende September. Es ist jedoch nicht immer einfach, den optimalen Zeitpunkt für den Vieheinzug festzusetzen. Denn durch die geringe Höhendifferenz der Flächen ist das Gras annähernd zum selben Zeitpunkt weidereif. Das Vieh wird hier deshalb schon sehr früh auf die Wiesen getrieben, um eine zu hohe und alte Weide zu vermeiden. Frühe Beweidung verhindert das „Verholzen" der Gräser.

Mehr als 40 Stück Jungvieh grasen auf den saftigen Bergwiesen rund um die Alpe Mitterhaus. Sie ist aber nicht nur eine Galtalpe, sondern auch eine der wenigen Sennalpen im Allgäu. Deswegen gesellen sich noch 20 Milchkühe zur Herde. Ihre Milch wird vor Ort im Kupferkessel über dem offenen Holzfeuer zu traditionellem Sennalpkäse weiterverarbeitet. Milchkühe genießen den Vorzug, als erste auf den fetten und artenreichen Wiesen grasen zu dürfen. Die Jährlinge dürfen später zum Nachweiden auf die besseren Wiesen.

Der Viehbestand der Alpe MItterhaus setzt sich aus eigenen Rindern der Familie Beßler sowie aus den Pensionsrindern von Landwirten zusammen. Die Molke wird an ein gutes Dutzend Schweine verfüttert, das zusätzlich bei der Hofhütte der Alpe Mitterhaus gesömmert wird.

Bei der Alpe Mitterhaus versickert die Bsonderach bei Trockenheit im Kies. Das Restwasser fließt dann unter dem Bachbett.

Benedikt Beßler produziert in der Käseküche der Alpe Mitterhaus im Kupferkessel über einem offenen Holzfeuer traditionellen Sennalpkäse aus der Milch der hier gemolkenen Kühe.

Käse im Reifekeller der Alpe Mitterhaus: Ein Fünf-Kilo-Laib muss dort mehr als drei Monate reifen. Dagegen können die kleineren Laibe bereits nach wenigen Wochen verspeist werden.

Die Alpe Mitterhaus ist eine beliebte Brotzeitalpe. Von der Terrasse vor der Alpe genießt man mit Blick auf die Rotspitze, das Nebelhorn und den Hindelanger Klettersteig Allgäuer Spezialitäten. Zu diesen Spezialitäten gehört zum Beispiel der vor Ort produzierte, im Keller des Mitterhauses gereifte Bio-Alpkäse. Neben dem Käse schmecken auch die frische Milch und Wurst aus dem Fleisch der eigenen Rinder, Kaffee und Kuchen. Die Bioqualität und die Regionalität der hier angebotenen Produkte sind garantiert.

Erosion und Latschenbewuchs ließen die Weideflächen dieser Alpe schrumpfen

10 HÄBELESGUND

Zwischen dem 1893 Meter hohen Breitenberg sowie der 2033 Meter hohen Rotspitze liegt am Ostrand des Retterschwangtals die kleine Alpe Häbelesgund. Die erste urkundliche Erwähnung dieser Galtalpe – damals noch mit dem Namen „Häberlesgund" – erfolgte im 18. Jahrhundert. Früher nannte man die Alphütte auch „Hebelesgund". Häbelesgund war in der Vergangenheit kurzzeitig als Sennalpe genutzt worden. Erst 1948 erlangte Häbelesgund offiziell den Status einer Alpe. Um das Jahr 1900 wurde das 134 Hektar große Areal dieser Alpe (ihr Besitzer ist heute die Bayerische Forstverwaltung) gemeinsam mit der östlich angrenzenden Alpe Älpen im Hintersteiner Tal bewirtschaftet.

Der Hintersteiner Bernhard Besler hat die Alpe Häbelesgund vor mehr als 40 Jahren „entdeckt". Besler erschloss seinerzeit das Alpgelände sozusagen neu. Die untere Beweidungsgrenze dieser Alpe ist die höchste im Retterschwanger Tal – sie liegt bei 1450 Metern. Ihre höchstgelegenen Weiden reichen bis zu 1800 Meter hinauf.

Die Gebäude der Alpe Häbelesgund stehen auf einer Höhe von 1560 Metern. Der Bau des ersten Alpgebäudes war harte Arbeit: Das gesamte Baumaterial für die kleine Unterkunft musste Bernhard Besler zu Fuß den Berg hinauftragen. Der alte Weg wurde 1990 bei einem Unwetter zerstört. Der ausgebaute Weg, der die Alpe heute mit dem Retterschwanger Tal verbindet, wurde im Jahr 2015 fertiggestellt. Marzel Blanz, ein Enkel von Bernhard Besler, hatte die von der Staatsforstverwaltung gepachtete Alpe Häbelesgund im Jahr zuvor als Hirte übernommen. Blanz erweiterte die bis dahin unscheinbare Hütte, das heutige Alpgebäude entstand. Jetzt transportierte allerdings ein Hubschrauber das Baumaterial auf das Alpgelände.

Obwohl das Gebiet der Alpe 134 Hektar beträgt, ist die nutzbare Weidefläche viel kleiner: Zunehmende Erosion – Boden wurde durch Starkregen abgetragen – und ein starker Bewuchs mit Latschenkiefern hatten die nutzbare Lichtweide

Alpname:	Häbelesgund
Alptyp:	Galtalpe
Erste urkundliche Erwähnung:	1774
Jahr der Alpanerkennung:	1948
Lage:	zwischen Breitenberg und Rotspitze im Retterschwangtal
Vorweiden:	am Höhenweg in Hinterstein
Eigentümer:	Bayerische Staatsforstverwaltung
Bewirtschafter:	Markus Blanz
Hirte:	Marzel Blanz
Hirte verantwortlich seit:	2014
Weiteres Personal:	Familienangehörige
Höhenlage der Weiden:	1450 bis 1800 Meter
Nutzbare Lichtweide:	20 Hektar
Gesamte Alpfläche:	134 Hektar
Jungvieh:	30 Stück
Milchkühe:	2 Stück
Weitere Tiere:	1 Esel, 1 Hund, 3 Hühner
Besonderheiten:	steiles, schroffes Gelände

Die Alpe Häbelesgund liegt im Sattel zwischen dem Breitenberg (links) und der Rotspitze (rechts). Seit 2015 führt ein neu gebauter Weg zur Alpe hinauf.

von früher 90 Hektar auf 14 Hektar verkleinert. Durch die von Bernhard Besler vor vier Jahrzehnten wieder aufgenommene Bewirtschaftung dieser Alpe konnte die nutzbare Weidefläche jedoch bis 2018 wieder auf 20 Hektar vergrößert werden.

Das Weidegebiet der Alpe Häbelesgund stellt aufgrund der schwierigen Geländeverhältnisse für Mensch und Tier eine große Herausforderung dar. Die steilen Berghänge sind hier von Geröllhalden durchzogen. Dementsprechend wächst dort nur wenig Futter: Das Vieh muss täglich in einen anderen Weideeinschlag umgesetzt werden. Erschwerend kommt hinzu, dass die Herde abends oftmals wieder auf den Häbelesgundsattel zurückgetrieben werden muss. Denn nur dort können die Tiere zuverlässig mit Wasser versorgt werden, und dort sind die Jungrinder über Nacht

Erodierte Berghänge auf dem Gelände der Alpe Häbelesgund haben die nutzbaren Weideflächen massiv reduziert.

auch sicherer. Dieses Umtreiben erfordert eine ständige Behirtung der Herde. Es hilft, dass die Rinder im Lauf des Alpsommers immer zutraulicher und auch trittsicherer werden. Die Alpsaison dauert für das Häbelesgunder Vieh von Anfang Juni bis Ende September. Die Weidesaison beginnt und endet auf den Vorweiden am Höhenweg zur Willersalpe. Auch wenn es keinen offiziellen Viehscheid der Alpe Häbelesgund gibt, wird das ein oder andere Rind mit einem Kranz geschmückt.

Rund 30 Jungrinder werden auf dem Berg geälpt. Knapp die Hälfte der Tiere ist Tiroler Grauvieh und gehört Familie Blanz selbst. Die eher seltene Rinderrasse hat einen kompakteren Körperbau als das etwas größere Allgäuer Braunvieh und ist auch widerstandsfähiger. Das Tiroler Grauvieh ist weniger stark auf Milchleistung hin gezüchtet. Zusätzlich zu den Jungrindern der Galtalpe ergänzen zwei Milchkühe die Herde: Sie tragen zur Selbstversorgung der Familie Blanz bei.

Helfer und ständiger Begleiter des Hirten ist der Familienhund Amigo. Er hilft Marzel Blanz beim Treiben des Viehs. Neben den Rindern leben auch noch andere Nutztiere auf der Alpe Häbelesgund: Einige Hühner versorgen die Familie täglich mit frischen Eiern, und ein Esel hilft beim Lastentransport.

Die Weiden der Alpe Häbelesgund erstrecken sich über den Kesselgrund und auf die angrenzenden steilen Berghänge.

Viel Holz vor der Hütte und innen nur wenig Platz: Die Hütte der Alpe Häbelesgund bietet eine bescheidene, aber doch gemütliche Unterkunft.

Diese von Hasenegg mitbewirtschaftete Alpe gehörte vormals den Wittelsbachern

34 STÄLLEN

Die Alpe Ställen wurde laut dem Hindelanger Chronisten Ulrich Scholl erstmals 1720 erwähnt. In den 1980er-Jahren wurde diese Alpe im Retterschwangtal noch nicht als Galtalpe betrieben: Daran, dass die im Jahr 1911 offiziell anerkannte Alpe Ställen seinerzeit noch eine Sennalpe war, erinnert das idyllisch gelegene stattliche Hauptgebäude des Ställenhofs auf der sogenannten Stellenhalde. Der um das Jahr 1850 errichtete erdgeschossige Steinbau mit seinem mit Kupferblech gedeckten Satteldach und mit Holzschindeln verkleideten Giebeln steht auf der Bayerischen Denkmalliste.

Heute ist Ställen – das bis vor wenigen Jahren noch im Besitz des Hauses Wittelsbach war – eine Galtalpe, die durch die östlich angrenzende Alpe Hasenegg mitbewirtschaftet wird. Im Weidezyklus dieser Nachbaralpe werden die Jungrinder zweimal auf die Wiesen der Alpe Ställen getrieben. Die Weideflächen um den 1169 Meter hoch gelegenen Ställenhof tragen den Namen „Bei den Ställen".

Alpname/Varianten:	Ställen, Stellen
Alptyp:	Galtalpe
Erste urkundliche Erwähnung:	1720
Jahr der Alpanerkennung:	1911
Lage:	wenige Kilometer südlich der Alpe Mitterhaus und östlich der Unteren Alpe Hasenegg
Eigentümer:	Gutsverwaltung Hinterstein Stärker GbR
Bewirtschafter:	Alpgenossenschaft Haseneck
Alpmeister:	Jakob Blanz
Hirte:	Albert Lipp
Hirte verantwortlich seit:	2017
Weiteres Personal:	2 Kleinhirten, Tagwerker der Hintersteiner Galtalpen
Höhenlage der Weiden:	1100 bis 1800 Meter
Nutzbare Lichtweide:	167 Hektar
Gesamte Alpfläche:	395 Hektar
Jungvieh:	140 bis 240 Stück
Besonderheiten:	Bioalpe, von Alpe Hasenegg mitbewirtschaftet, Hofhütte der Alpe Ställen steht unter Denkmalschutz

Westlich des Haupthofs liegen gleich fünf Nebenalpen von Ställen. Am Osthang des 1833 Meter hohen Schnippenkopfs sind dies die Alpen Nudler (auf einer Höhe von 1353 Metern), Kohlplätzle (1374 Meter hoch), Rotmoos (1540 Meter) und Hintere Schnippe (1574 Meter). Die Hütte der aufgelassenen Nebenalpe Schnippe ist heute allerdings verfallen: Derartige ehemalige Standorte von Alpgebäuden werden Wüstung oder auch Ödung genannt. Meist künden heute nur noch bemooste und mit Flechten überzogene Bruchsteinmauern von diesen verfallenen Alphütten.

Die höchstgelegene Nebenalpe von Ställen ist die Alphütte Falken. Sie wurde südlich des Schnippenkopfs auf immerhin 1700 Höhenmetern am dortigen, namensgebenden Falkenjoch errichtet. Damit erstrecken sich die gesamten Flächen der Alpe Ställen von rund 1100 Metern Höhe der unteren Beweidungsgrenze bis zu ungefähr 1800 Höhenmetern, wo die obersten Weideflächen enden. Fast 170 Hektar Lichtweide stehen hier für die Galtviehhaltung zur Verfügung. Mit einer Gesamtfläche von fast 400 Hektar zählt Ställen zu den ausgedehntesten Alpen im Gemeindegebiet von Bad Hindelang.

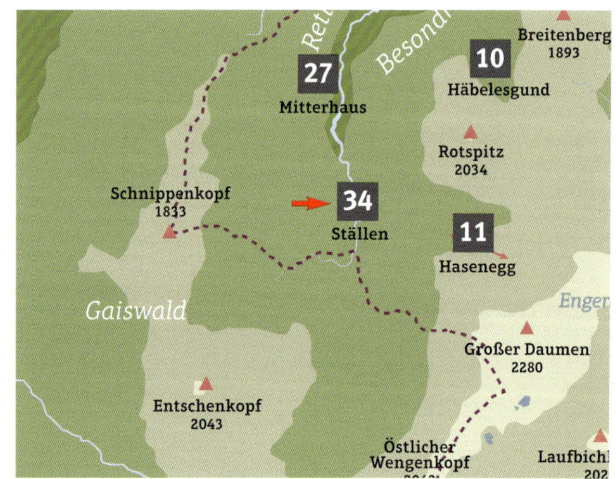

Die Alpe Ställen wird heute durch die benachbarte Alpe Haseneqq mitbewirtschaftet. Die Hofhütte auf der Stellenhalde steht mittlerweile unter Denkmalschutz. Der stattliche Bau lässt noch immer erkennen, dass die Alpe Ställen einst eine der im Allgäu inzwischen selten gewordenen Sennalpen war.

Ein Gedenkkreuz beim Alphof von Ställen erinnert an einen Hubschrauberabsturz im Jahr 1998, bei dem der Pilot namens Gottfried sein Leben verlor.

Eine Alpe, durch die noch zwei weitere Alpen mitbewirtschaftet werden

11 HASENEGG

Die Alpe Hasenegg – auch Haseneck geschrieben – ist der Fläche nach eine der größten Alpen im Gemeindegebiet von Bad Hindelang. Zu ihr gehören drei Alpgebäude – die Untere, die Mittlere und die Obere Alpe Hasenegg. Die jeweiligen Alphütten liegen 1392, 1590 beziehungsweise sogar 1691 Meter hoch. Obwohl im Retterschwangtal gelegen, zählt die Alpe Hasenegg zur Gemeinschaft der Hintersteiner Galtalpen. Erwähnt wurde Hasenegg erstmals 1451, damals „Haßenegck" genannt. Die Anerkennung dieser Galtalpe erfolgte 1911. Die Weideflächen gehören der Alpgenossenschaft Haseneck.

Von der Alpe Hasenegg werden schon lange Zeit die Alpen Hornbach und Ställen mitbewirtschaftet. Diese Alpen sind im Besitz der Alpgemeinschaft Hornbach beziehungsweise das Eigentum der Gutsverwaltung Hinterstein Stärker GbR. Die Fläche der Alpe Hasenegg – ohne die Alpen Hornbach und Ställen – umfasst bereits allein bei einer Gesamtfläche von 258 Hektar insgesamt 75 Hektar nutzbare Lichtweiden. Damit werden – für sämtliche drei Alpen zusammengerechnet – Lichtweiden mit einer Fläche von 254 Hektar bewirtschaftet. Die insgesamt bewirtschaftete Fläche beträgt 428 Hektar, wobei auch noch die Hochweiden der Nebenalpen Kohlersberg und Vordere Schnippe – beide gehören zur Alpe Mitterhaus – von der Alpe Hasenegg aus bewirtschaftet werden.

Die Alpe Hasenegg liegt in einem Hochtalkessel, umgeben von der 2034 Meter hohen Rotspitze, dem 2197 Meter hohen Kleinen Daumen, dem 2280 Meter hohen Großen Daumen und einem 1911 Meter hohen Berg mit Namen „Auf dem Falken". Eben diese Lage führt dazu, dass die Alpe im Retterschwangtal unter den Bad Hindelanger Alpe einen der extremsten Höhenunterschiede aufzuweisen hat: Die am tiefsten liegenden Weiden der Alpe Hasenegg beginnen auf einer Höhe von 1320 Metern, die höchsten reichen bis zu 1900 Meter hinauf. Diese an und für sich bereits bemerkenswerte Spanne wird

Alpname/Varianten:	Hasenegg, Haseneck
Alptyp:	Galtalpe
Erste urkundliche Erwähnung:	1451
Jahr der Alpanerkennung:	1911
Lage:	nördlich der Gipfel von Auf dem Falken, Großem Daumen und Kleinem Daumen
Vorweiden:	Alpe Hornbach, Alpe Ställen Alpe Heißeloch, Lichthalde (Sonthofen)
Eigentümer/Bewirtschafter:	Alpgenossenschaft Haseneck
Alpmeister/Oberalpmeister:	Jakob Blanz/Leonhard Bellot
Hirte:	Albert Lipp
Hirte verantwortlich seit:	2017
Weiteres Personal:	2 Kleinhirten, Tagwerker der Hintersteiner Galtalpen
Höhenlage der Weiden:	1320 bis 1900 Meter
Nutzbare Lichtweide:	75 Hektar
Gesamte Alpfläche:	258 Hektar
Jungvieh:	240 Stück
Milchkühe:	2 Stück
Viehscheid:	Teilnahme am Großen Viehscheid mit Zugschellen und Kranz
Besonderheiten:	Bioalpe, mehrere weitere Alpen werden von der Alpe Hasenegg aus mitbewirtschaftet

noch einmal deutlich größer, wenn man außerdem berücksichtigt, dass die tiefsten Weidegrenzen der mitbewirtschafteten Alpen Hornbach und Ställen jeweils schon auf etwas mehr als 1000 beziehungsweise 1100 Metern Höhe beginnen. Ihrer Fläche entsprechend gehört die Alpe Hasenegg auch hinsichtlich der Anzahl der gesömmerten Tiere in Bad Hindelang zu den größten Alpen. Die Alpsaison dauert hier vom 10. Juni

Die Alpe Hasenegg liegt in einem Hochtal oberhalb der mitbewirtschafteten Alpe Ställen – in der imposanten Landschaft eines hoch gelegenen Talkessels, der von bis zu beinahe 2300 Meter hohen Bergriesen umgeben wird.

Die Reste einer verfallenen Hütte – eine sogenannte Wüstung – entdeckt man bei den Rotmoos-Weiden: Die dortigen Wiesen gehören zu einer Nebenalpe der von Hasenegg mitbewirtschafteten Alpe Ställen.

bis zum Viehscheid. Als interne Vorweide dient die 13 Hektar große Alpe Hornbach. Von außen kommen später – mit der Talfahrt am 4. Juli – ungefähr 80 Tiere von der Vorweide der Alpe Heißeloch bei Unterjoch sowie etwa 35 Tiere von der Lichthalde im nahen Sonthofen hinzu. Insgesamt werden auf der Alpe Hasenegg dann rund 250 Stück Jungvieh gesömmert. Die Herde besteht überwiegend aus Braunvieh, vereinzelt ist auch Tiroler Grauvieh darunter. Rund 20 Bauern lassen ihre Tiere auf der Alpe Hasenegg weiden. Diese Alpe bevölkern außerdem ein paar Milchkühe, die dort lediglich für den Eigenbedarf gemolken werden, und auch ein Pferd für den Lastentransport kann auf dieser Alpe vorkommen.

Ein langjähriger Hirte auf der Alpe Hasenegg – Herbert Martin – war unter den Hirten von Bad Hindelang quasi eine lebende Legende. 2016 verbrachte er seinen 36. Alpsommer auf Hasenegg. Aufgewachsen in einer Landwirtschaft, hatte er schon als Junge die schulfreie Zeit auf einer Alpe verbracht. Als erst 23-Jähriger bekam er bereits eine größere Alpe in Alleinverantwortung übertragen. Das war freilich in einer Zeit, als Alphirten – anders als heute – gesucht werden mussten. Ein Hirte hat hier wegen der großen Herde häufige Weidewechsel zu bewältigen. Die übliche Weideabfolge führt über die Alpe Hornbach und die Alpe Ställen sowie über deren zwei Nebenalpen Rotmoos und Falken erneut zur Alpe Ställen und danach zur Alpe Hasenegg. Von den hoch gelegenen Weiden geht es später im Jahr bergabwärts und noch einmal auf die Wiesen der Alpen Ställen und Hornbach.

Unterhalb des Sonnenkopfes und auf den Falken-Weiden ist die Futterqualität nicht sehr gut, hier wuchert auch Borstgras. Dafür finden die Jungrinder auf den Flächen der Alpe Hasenegg hochwertige, schattige Kräuterwiesen. Viele Weiden sind aber „holzwüchsig“ (minderwertig). Wegen der wechselhaften Weidequalität braucht die Herde eine größere Weidefläche.

Von den Rotmoos-Weiden im hinteren Retterschwangtal hat man freie Sicht bis nach Oberjoch und auf das Joch.

Die Fläche der Alpe Hasenegg weist sehr unterschiedliche Weidequalitäten auf. Die Wasserversorgung auf dieser Alpe stellt augenscheinlich kein Problem dar.

Der Weg, der 2013 zur 1540 Meter hoch gelegenen Rotmoos-Hütte auf dem Gelände der Alpe Ställen hinauf gebaut wurde, erleichtert dem Hirten auf der Alpe Hasenegg die Arbeit. Seitdem ist die Versorgung mittels Geländewagen möglich – eine große Hilfe bei einer Herde, die andauernd auf Wanderschaft ist. Versorgungsflüge sind nur alle zwei Jahre nötig. Diese Alpe kann im Übrigen auch auf eine Tagwerkertruppe zurückgreifen.

Fließendes kaltes Wasser und eine weite Aussicht genießt der Hirte auf der 1590 Meter hoch gelegenen Mittleren Hasenegg-Hütte.

ELF ALPEN IM HINTERSTEINER TAL

Das Hintersteiner Tal von Bruck bis zum Giebelhaus ist mit gut zehn Kilometern das längste Tal innerhalb der Grenzen der Marktgemeinde Bad Hindelang. Dieses Tal wirkt vor allem deshalb relativ eng, weil es im Osten von teils mehr als 2000 Meter hohen Bergen gesäumt wird. Nach dem Giebelhaus schließen sich als südöstliche beziehungsweise südwestliche Ausläufer des Hintersteiner Tals das Bärgündletal und das Obertal an. Die hochalpinen Alpen im Hintersteiner Tal sowie die Alpen in den beiden angrenzenden Gebirgstälern gelten als das „Herz" der Alpwirtschaft im Allgäu. Auf insgesamt rund 2800 Hektar Weide werden dort jährlich etwa 2500 Rinder gesömmert.

Fast alle Alpen im Hintersteiner Tal liegen in Hochtalkesseln oder in Seitentälern zwischen hohen Gipfeln, und beinahe alle dehnen sich hier bis in felsige, hochalpine Regionen aus. Die Beweidungsgrenzen der meisten Alpen erstrecken sich dort bis auf 1800 Meter und mehr, bei drei der Alpen im Hintersteiner Tal erreichen die obersten Bergwiesen Höhen von 2000 Metern und mehr. Östlich von fünf der Alpen im Hintersteiner Tal verläuft die deutsch-österreichische Landesgrenze. Einer der landschaftlichen Höhepunkte im Hintersteiner Tal ist der mehr als 1800 Meter hoch gelegene Schrecksee: Der Name dieses hochalpinen Sees findet sich im Namen der Taufersalpe-Schrecksee wieder. Der Hochgebirgssee ist frühestens Ende des Monats Juni eisfrei. Sämtliche Gebirgsbäche des Hintersteiner Tals münden am Ende in die Ostrach.

Ein Alpgebäude unter Denkmalschutz – dort bewirtet sogar ein Brotzeitbetrieb

46 ZIPFELSALPE

Die Zipfelsalpe liegt oberhalb von Hinterstein auf einem Bergsattel zwischen den Gipfeln des 1876 Meter hohen Iselers und des 1907 Meter hohen Kühgundkopfs im Norden sowie des 1830 Meter hohen Stuibenkopfs und des ungefähr 2000 Meter hohen Bschießers im Süden. Als diese Alpe 1474 erstmals urkundlich erwähnt wurde, befand sie sich im Besitz des Augsburger Benediktinerklosters St. Ulrich und Afra. Im Jahr 1911 erfolgte die Anerkennung als Alpe. Noch bis 1853 war die Zipfelsalpe eine Galtalpe gewesen, anschließend wurde sie bis 1969 als Sennalpe bewirtschaftet. Seit diesem Jahr wird die Zipfelsalpe erneut als Galtalpe betrieben.

Die Weiden der Zipfelsalpe beginnen in 1450 Metern Höhe und reichen bis auf 1750 Meter hinauf. Sie gehören der Alpgenossenschaft Zipfelsalpe, die sich 2018 aus insgesamt 29 Genossen zusammensetzte. Die nutzbare Viehweide ist mit 153 Hektar deutlich kleiner als die Gesamtfläche der Alpe. Insgesamt 223 Hektar Alpfläche erstrecken sich nämlich um das auf 1526 Höhenmetern gelegene Gebäude der Hofhütte.

Der erdgeschossige Steinbau mit einem südwestlich abgewalmten Satteldach wurde angeblich im Jahr 1854 errichtet. Heute steht diese Hofhütte auf der Bayerischen Denkmalliste. 1526 Meter hoch stand auf dem Alpgelände die verfallene Hütte der Nebenalpe Melke. Die deutsch-österreichische Landesgrenze verläuft östlich des Gebiets der Zipfelsalpe.

Rund 200 Stück Jungvieh und wie üblich ein, zwei Milchkühe zur Selbstversorgung verbringen die Alpsaison in den Bergen. Rund 20 Beschläger aus dem Allgäu bringen ihre Tiere zum Sömmern auf die Zipfelsalpe. Dort beginnt die Alpsaison der Jährlinge im späten Frühjahr respektive im Frühsommer – zwischen Anfang und Mitte Juni – auf der Vorweide am südlichen Hintersteiner Ortsrand. Die Vorweidezeit ist für die Herde auch insofern wichtig, als sich fremde Rinder aneinander gewöhnen können. Außerdem ist zu dieser Zeit das Gras in den höheren Lagen ohnehin noch nicht weidereif: In

Alpname:	Zipfelsalpe
Alptyp:	Galtalpe
Erste urkundliche Erwähnung:	1474
Jahr der Alpanerkennung:	1911
Lage:	zwischen Iseler und Stuibenkopf oberhalb von Hinterstein
Vorweiden:	„Auf der Höh" südlich von Hinterstein
Eigentümer/Bewirtschafter:	Alpgenossenschaft Zipfelsalpe
Alpmeister:	Wendelin Wechs
Hirte:	Max Kotz
Hirte verantwortlich seit:	2018
Weiteres Personal:	2 Kleinhirten
Höhenlage der Weiden:	1450 bis 1800 Meter
Nutzbare Lichtweide:	153 Hektar
Gesamte Alpfläche:	223 Hektar
Jungvieh:	200 Stück
Milchkühe:	2 Stück
Viehscheid:	Teilnahme an kleinem Viehscheid mit Zugschelle und Kranz
Besonderheiten:	Bioalpe, Brotzeitbetrieb, denkmalgeschütztes Alpgebäude

Die Zipfelsalpe liegt im Hochtalsattel zwischen dem Iseler und dem Stuibenkopf. Diese Alpe bietet mehr als 150 Hektar Weidefläche in Höhenlagen von bis zu 1800 Metern.

den Hochlagen wächst das Gras naturgemäß später als auf den Niedrigweiden. Nach der ersten Gewöhnungsphase zieht der Viehbestand einen steilen Anstieg hinauf bis zur Hauptweide der Zipfelsalpe. 600 Höhenmeter müssen Mensch und Tier dabei bewältigen. Der Hirte Christoph Brutscher begleitete hier das Vieh von 1976 bis 2017 den Alpsommer über und kümmerte sich daneben – gemeinsam mit den Kleinhirten – um sämtliche anfallenden Arbeiten rund um das Alpgebäude und auf dem Alpgelände. Brutscher war auch der Pächter der Gastronomie gewesen. Mit der Alpsaison 2018 übernahmen Max Kotz und Bernadette Karg die Bewirtschaftung der Zipfelsalpe beziehungsweise des dortigen Brotzeitbetriebs.

Verglichen mit den Hindelanger Hochalpen ist das Areal der Zipfelsalpe für das Vieh eher gefahrlos. Die Weidegründe hängen zusammen: Während der Saison gibt es lediglich drei

Anders als bei den felsigen Steilhängen höher gelegener Bad Hindelanger Alpen ist das Gelände der Zipfelsalpe für dort weidende Jungrinder kaum mit Gefahren verbunden.

Parzelleneinteilungen. Auf diesen Flächen weiden die Kühe dann jeweils mehrere Wochen lang, was viel Arbeit erspart. Denn je kleiner die Einschläge sind, desto öfter muss die Herde auf einen anderen Weideabschnitt umgesetzt werden. Mitte September dürfen die Tiere dann noch für zehn Tage zur Nachweide. Das Ende der Alpsaison wird auf der Zipfelsalpe mit einem Viehscheid-Tag gefeiert.

Die Bergwiesen der Zipfelsalpe zeichnet eine gute Qualität aus. Allerdings bereitet die Murmeltierplage auf dem Alpgelände immer wieder Probleme. Jeder Bau verursacht einen Steinauswurf von bis zu zwei Quadratmetern. Damit gehen Weideverluste einher, und es besteht die Gefahr, dass ein Tier versehentlich in das Loch eines Murmeltierbaus tritt und sich dabei verletzt. Um die Schäden zu verringern, bemüht man sich darum, die von den Murmeltieren ausgeworfenen Steine von den Weideflächen zu entfernen.

Für Bergwanderer, die über den Iseler oder über die Wannenjochbahn aus dem Tannheimer Tal heraufkommen, ist die Alpe ein beliebtes Rastziel. Bei schönem Wetter können Besucher auf der Terrasse der Hofhütte eine deftige Brotzeit mit Wurst oder Käse zu sich nehmen. Wenn es regnet, entschädigt die Atmosphäre der gemütlichen Stube. Dort befand sich – als auf

Die 1526 Meter hoch gelegene Hofhütte der Zipfelsalpe wird während der Alpsaison gastronomisch bewirtschaftet.

der Alpe noch Käse hergestellt wurde – die Sennküche. Auf der Zipfelsalpe finden außerdem hin und wieder auch Alpfeste mit traditioneller Musik statt. Beliebt ist auch die jährlich dort abgehaltene Bergmesse.

Auch auf der Zipfelsalpe endet der Alpsommer – hier nach etwas mehr als 100 Weidetagen mit einem Viehscheid.

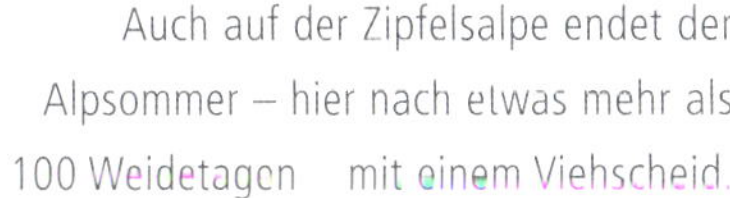

Die uralte Alpe „hinter“ dem Willersbach umgeben äußerst artenreiche Buckelwiesen

14 HINTERBACH-HOF

Die Alpe Hinterbach-Hof – auch Hinterbacher Hof genannt – zählt zu den ältesten Alpen in Bad Hindelang. Im Jahr 1361 wurde sie erstmals erwähnt. Der Alpname bezieht sich auf den Willersbach, hinter dem die Alpe liegt – die Bezeichnung „Hinterbach“ leitet sich davon ab. Die auf 900 Höhenmetern errichtete Hofhütte dieser im Jahr 1911 anerkannten Alpe liegt knapp zwei Kilometer südlich des Dorfes Hinterstein.

Das gesamte Alpgelände umfasst mehr als 30 Hektar in Höhenlagen zwischen 880 und 1000 Metern. Aufgrund der niedrigen Lage handelt es sich beim Hinterbach-Hof um eine typische Landalpe. Bis 1964 wurden die Niedrigweiden als Vorweiden für die Taufers- und die Schrecksee-Alpe genutzt. Auch heute wird hier nicht während der ganzen Alpsaison gesömmert: Die Wiesen dienen nur temporär als Vorweide für die Alpen Kuhplatten, Vorsäß und Kühbach. Im Frühjahr wird das Vieh in der ersten Juniwoche auf die Wiesen der Alpe Hinterbach-Hof getrieben. Dort weidet es dann einen Monat lang – bis zum Ulrichstag, dem Gedenktag des Bistumsheiligen am 4. Juli. Danach kommen die Tiere für die Sommermonate zur Älpung in die Berge. Am Ende der Saison werden die Jungrinder zur Nachweide auf die Alpe Hinterbach-Hof getrieben. Der relativ große Stalltrakt des 920 Meter hoch gelegenen Alpgebäudes des Hinterbach-Hofs ist für eine Alpe ziemlich untypisch. Doch dort wurde noch bis in die frühen 1960er-Jahre Jungvieh eingestellt. Der Stallmist wurde zur Düngung auf die Viehweide ausgebracht.

Ein herausragendes Merkmal der Alpe Hinterbach-Hof sind die Buckelwiesen, die sich am Fuße des Berghangs erstrecken. Die hügeligen Weideflächen sind ganz besonders artenreich. Die Vielfalt der Kräuter wirkt sich positiv auf die Gesundheit der Tiere aus. Die Weidequalität der Alpflächen ist allerdings stark von den Wetterbedingungen sowie von der Lage der jeweiligen Wiese abhängig. Trockenheit mindert die Wertigkeit der Weidegründe der Alpe Hinterbach-Hof, denn ihr Boden besteht nur aus einer dünnen Humusschicht: Während heißer Wetterperioden trocknet die Erde dort relativ rasch aus, weil der Untergrund der Weideflächen in solchen Zeiten nicht genug Wasser speichern kann.

Alpname/Varianten:	Hinterbach-Hof, Hinterbach, Hinterbacher Hof
Alptyp:	Galtalpe
Erste urkundliche Erwähnung:	1361
Jahr der Alpanerkennung:	1911
Lage:	südlich von Hinterstein
Eigentümer/Bewirtschafter:	Wald- und Weidegenossenschaft Bad Oberdorf
Alpmeister:	Reinhold Schmid
Hirte:	Reinhold Schmid
Hirte verantwortlich seit:	2000
Höhenlage der Weiden:	880 bis 1000 Meter
Nutzbare Lichtweide:	28 Hektar
Gesamte Alpfläche:	32 Hektar
Jungvieh:	145 Stück
Besonderheiten:	Alpflächen dienen als Vor- und Nachweiden der Alpen Kühbach und Platten

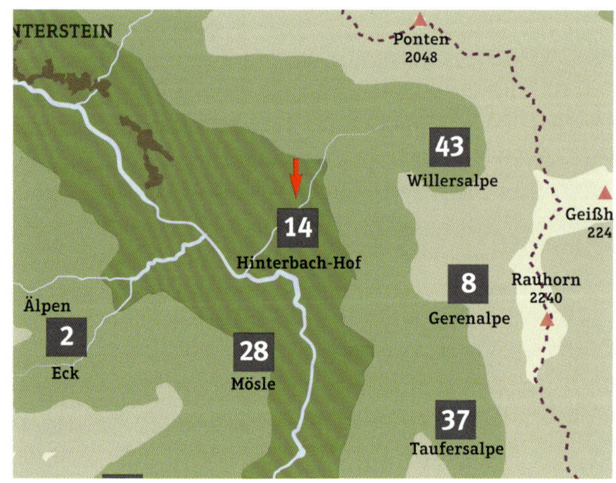

Das Alpgebäude des Hinterbach-Hofs besteht letztlich aus zwei Bauten: 1874 wurde die steinerne Hütte – wohl als Nachfolgebau eines älteren Gebäudes – errichtet. Der daran anschließende langgestreckte Stall wurde 1905 durch die damaligen Rechtler ausgebaut. Unterschiedliches Fassadenmaterial lässt die zwei Bauabschnitte von außen erkennen.

Auf den Wiesen des Hinterbach-Hofs weiden die Jungrinder auf den für das Allgäu typischen, hier ganz besonders artenreichen Buckelwiesen.

Ein halbes Jahrhundert lang Hirte auf der früheren Sennalpe eines Wittelsbachers

28 MÖSLE

Die Alpe Mösle wurde 1553 erstmals urkundlich erwähnt. Ihr Name resultiert wohl aus den vielen moosigen Feuchtstellen auf den Weiden. Bis 1800 war die heutige Galtalpe ein Einödhof: Die Bezeichnung „Mößler Gueth" von 1585 lässt vermuten, dass es sich dabei tatsächlich um einen bewohnten Gutshof gehandelt hat. Nach heutigem Alprecht ist der Weidegrund seit 1911 offiziell als Alpe anerkannt.

Die Alpe Mösle gehörte einst Prinz Eugen von Bayern. Dieser Wittelsbacher veranlasste im Jahr 1868 die Zusammenlegung der Mösle- und der Nickenalpe zu einer gemeinsam bewirtschafteten Sennalpe. 1879 wurde der 1135 Meter hoch gelegene Mösle-Hof gebaut: Dort wurden der große Stall für die Milchkühe, die Käseküche und der Käsekeller untergebracht. Bis 1958 hat man auf dieser Gemeinschaftsalpe gekäst. Noch bis 2007 wurden die beiden heutigen Galtalpen gemeinsam bewirtschaftet.

Alpname:	Mösle
Alptyp:	Galtalpe
Erste urkundliche Erwähnung:	1553
Jahr der Alpanerkennung:	1911
Lage:	am Osthang der Mittagsspitze im Hintersteiner Tal
Eigentümer:	Gutsverwaltung Hinterstein Stärker GbR
Bewirtschafter:	Theresia und Fritz Müller
Hirte:	Fritz Müller
Hirte verantwortlich seit:	1971
Weiteres Personal:	Familienangehörige
Höhenlage der Weiden:	900 bis 1650 Meter
Nutzbare Lichtweide:	64 Hektar
Gesamte Alpfläche:	99 Hektar
Jungvieh:	37 Stück
Milchkühe:	3 Stück
Viehscheid:	ohne Schmuck und Kranz auf der Vorsäßbruck
Besonderheiten:	Hirte war einschließlich der Kleinhirtenjahre 2018 den 53. Sommer auf dieser Alpe.

Heute ist die Gutsverwaltung Hinterstein Stärker GbR die Eigentümerin der Alpe Mösle. Dem Hirten Fritz Müller hat man die Verantwortung für diese Alpe erstmals 1971 übertragen: Er ist der wohl längstgediente Älpler in Bad Hindelang. Heute ist Müller auch der Pächter der Alpe, auf der er sich um eine 99 Hektar große Fläche kümmert, davon 64 Hektar nutzbare Lichtweide. Der Weidegrund der Alpe Mösle beginnt in den niedrigen Lagen – bei 900 Metern – und erstreckt sich über den Osthang der Mittagsspitze bis auf 1650 Meter hinauf.

Eine überschaubare Herde von rund 40 Rindern verbringt die Weidesaison auf den Bergwiesen der Alpe Mösle. Dabei handelt sich nicht nur um Braunvieh, sondern auch um Tiroler Grauvieh sowie ein paar Belgier. Wie die Milchkühe für die Selbstversorgung des Alppersonals dürfen sie den Sommer bis zum Viehscheidtag auf der Alpe verbringen. Gemeinsam mit der Herde der Nickenalpe ziehen die Rinder am Ende der Saison zur Vorsäßbruck.

Die Aufgabe des Hirten besteht mitnichten ausschließlich aus dem Hüten der Rinder. Sobald die Vegetation auf den Weiden

Auf der Alpe Mösle gibt es eine ungewöhnliche Weideeinteilung: Wo es machbar ist, kommen nur die Tiere eines Stalls in einen Hag. Denn wenn sich die Tiere schon kennen, verhalten sie sich ruhiger und verursachen auf der dünnen Bodenschicht erheblich geringere Trittschäden.

im Frühjahr vorangeschritten ist und die Wege hoch zur Alpe nach der Schneeschmelze frei geworden sind, beginnt die Vorbereitung auf die Alpsaison. Damit untrennbar verbunden sind körperlich fordernde Aufgaben – die Weiden und Wege zu säubern, Zäune zu „hagen" oder zu reparieren und Hütten bezugsfertig zu machen. Ab und zu muss eine Hütte neu errichtet werden, wenn das Gebäude beispielsweise durch eine Lawine zerstört oder durch Schneemassen im Winter eingedrückt wurde, wie etwa die 1475 Meter hoch gelegene Hütte Auf dem Scheid, die zur Mösle-Hütte gehört. Und auch nachdem das Vieh im Herbst abgetrieben worden ist, steht noch viel Arbeit an, bevor der erste Schnee auf den Hängen liegt. Neben den üblichen Auflichtungsarbeiten muss sich der

Der Hirte der Alpe Mösle behandelt die verletzte Klaue einer Milchkuh. Spanngurte und Flaschenzug fixieren die Kuh dabei am Dachgebälk.

Hirte auch dem Unkraut und den Baumsämlingen widmen. Andernfalls würden Ampfer, Farne, Dornengebüsch, Tannen und Fichten die Weidegründe mehr und mehr überwuchern. Die Weidegebiete der Alpe Mösle liegen in Waldnähe oder – in den tieferen Lagen – in Waldlichtungen. Hier wie dort begünstigt magerer Boden den Aufwuchs der Fichten.

Um den Weideboden zu schonen, teilt Müller die Tiere nach Beschlägern auf. Rinder, die aus demselben Stall stammen, bekommen nach Möglichkeit auch eine eigene Weideparzelle. Die Tiere sind dann schon miteinander vertraut und verhalten sich dementsprechend ruhiger. Sie laufen folglich weniger auf den Wiesen herum und verursachen somit geringere Trittschäden. Außerdem lässt der Hirte auf der Alpe Mösle die Flächen heute nicht mehr „scharf" beweiden: Früher ließ man die Rinder zu viel Gras abfressen, sodass es lange brauchte, bis es nachgewachsen war. Heute verhindert eine schonende Bewirtschaftung der Wiesen durch die Rinder die Verbuschung der Weiden und die Erosion der Berghänge. Die Weidequalität auf der Alpe Mösle schwankt in der Bandbreite von Trockenstandort bis Feuchtbiotop. Insbesondere die circa 1500 Meter hoch liegenden Weiden Auf dem Scheid – über der Schlucht der Eisenbreche im Osten und unter dem 1682 Meter hohen Gipfel der Mittagsspitze im Westen – liegen an einem Süd-

Der Meisterhirte Fritz Müller verbrachte im Jahr 2018 seinen 53. Alpsommer auf der Alpe Mösle. Damit ist Müller der Bad Hindelanger Älpler mit der längsten Dienstzeit.

hang, den die Sonne schnell austrocknet. In tieferen Lagen gibt es dafür aber umso bessere Weiden mit fetterem Gras. Am Auele und Am alten Hof ist der Untergrund lehmig. Die dortigen Wiesen sind von kleineren feuchten Stellen durchzogen. Das Gras wächst hier besser als auf den humusarmen Steinweiden der Hochlagen.

Die Galtalpe Mösle war früher eine Sennalpe. Die Ausstattung der Käseküche samt Käsekessel ist noch immer erhalten.

Eine Galtalpe, die an Hindelanger Eisenerz, Bischöfe und Wittelsbacher erinnert

2 ÄLPEN UND ECK

Die beiden ehemaligen Sennalpen Älpen und Eck – früher auch Egg und Elpen genannt – liegen in zwei durch einen Gebirgsgrat getrennten Hochtälern südwestlich oberhalb von Hinterstein. An der Nordseite des 1589 Meter hohen Eckscheids liegt die Alpe Älpen, auf seiner Südseite die Alpe Eck. Beide Alpen wurden früher separat betrieben, seit vielen Jahren werden sie aber als Gemeinschaftsalpe bewirtschaftet. So hat zum Beispiel der Bad Hindelanger Chronist Ulrich Scholl festgehalten, dass die Alpen Älpen und Eck 1980 mit 166 Stück Jungvieh beschlagen wurden. Die Alpanerkennung erhielt die Galtalpe Älpen und Eck offiziell 1911. Eigentümerin ist heute die Gutsverwaltung Hinterstein Stärker GbR.

Ein prominenter Vorbesitzer sowohl der Alpe Älpen als auch der Alpe Eck war Prinz Luitpold von Bayern. Seine Gutsverwaltung erwarb 1867 zunächst den halben Anteil an der Alpe Älpen, 1872 kaufte der Wittelsbacher den restlichen Anteil an dieser Alpe hinzu. Ab 1880 kam dann auch die Alpe Eck in den Besitz von Prinz Luitpold. Die Geschichte der Alpe Älpen und Eck reicht freilich etliche Jahrhunderte weiter zurück. Die Alpe Älpen wurde erstmals im Jahr 1447, später nochmals in den Jahren 1532 und 1535 erwähnt – und zwar jeweils im Zusammenhang mit dem Abbau von Eisenerz im heutigen Gemeindegebiet von Bad Hindelang. (An den Bergbau in Hindelang erinnert zum Beispiel noch immer der Name der Alpe Erzberg.) Noch vor der Alpe „Elpen" – 1424 – war die Alpe Eck als Lehen des Hochstifts Augsburg, des bis zur Säkularisation bedeutendsten Grundherrn in und um Hindelang, zum ersten Mal urkundlich genannt worden.

Die Weidegründe der Alpe Eck dehnen sich auf Bergwiesen in Höhen von 1300 bis 2000 Metern aus. Die Flächen der Alpe Älpen beginnen zwar bereits in einer Höhe von lediglich rund 1100 Metern, sie erstrecken sich allerdings bis auf hochalpine Lagen von bis zu rund 1700 Metern. Dementsprechend liegen die Alpgebäude der Alpe Eck weit höher am Berg. Die Hofhütte der Alpe Eck wurde 1878 errichtet. Sie liegt auf einer

Alpname/Varianten:	Älpen und Eck, Elpen/Egg
Alptyp:	Galtalpe
Erste urkundliche Erwähnung:	Älpen 1447, Eck 1424
Jahr der Alpanerkennung:	1911
Lage:	Älpen östlich des Breitenbergs und nördlich des Eckscheids, südlich davon Eck am Fuß des Pfannenhölzers
Vorweiden:	bei der Vorsäßbruck
Eigentümer/Bewirtschafter:	Gutsverwaltung Hinterstein Stärker GbR
Hirte:	Helmut Radeck
Hirte verantwortlich seit:	2016 (zuvor von 1990 bis 2000)
Weiteres Personal:	Familienangehörige
Höhenlage der Weiden:	1100 bis 2000 Meter
Nutzbare Lichtweide:	159 Hektar
Gesamte Alpfläche:	460 Hektar
Jungvieh:	155 Stück
Milchkühe:	2 Stück
Viehscheid:	Teilnahme an kleinem Viehscheid mit Zugschellen und Kranz
Besonderheiten:	reiner Familienbetrieb, Älpung für Biobetriebe ist möglich

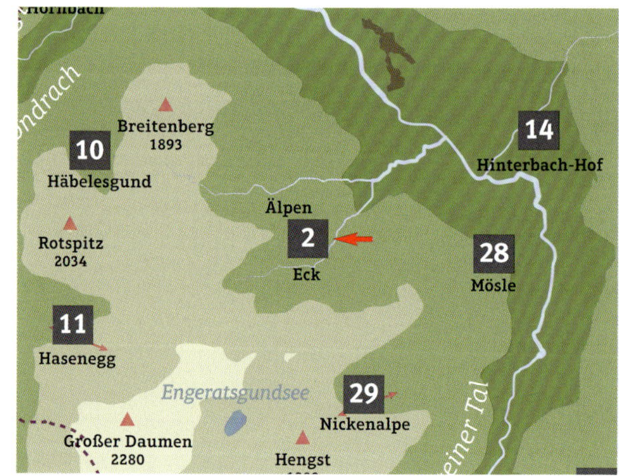

Südlich (links) des Feldalpergrats und des Bomachergrats (in der Bildmitte) liegt die Alpe Eck. Im Hochtalkessel nördlich (rechts) dieser beiden Berggrate erstrecken sich die Weiden der Alpe Älpen. Die höchsten Wiesen der Alpe Älpen reichen bis auf 1700 Höhenmeter hinauf, die der Alpe Eck erstrecken sich sogar bis auf 2000 Meter.

Höhe von 1448 Metern am unteren Rand der Weidegründe in einem Hochtalkessel zwischen der 2008 Meter hohen Heubatspitze im Westen sowie dem 2197 Meter hohen Kleinen Daumen im Süden. Die beiden Alphütten Wiesloh und Feldalp wurden in 1644 Metern beziehungsweise in 1658 Metern Höhe erbaut. Die kleine, äußerst einfach eingerichtete Feldalp, ist ein Steinbau mit verbrettertem Giebel und Blechdach: Er wohl schon um das Jahr 1880 errichtet und ist nun verfallen. Südlich des Eckscheids – auf dem Gelände der Alpe Eck – entspringt der Eckbach. Südlich am Eck-Hof vorbei bahnt sich dieser Bergbach seinen Weg in das Hintersteiner Tal hinab, wo er schließlich in die Ostrach mündet.

Helmut Radeck – der Hirte auf der Alpe Älpen und Eck – mit seiner Familie vor der Hofhütte von Älpen. Wie in der Alpwirtschaft üblich, helfen Frau und Kinder während der Alpsaison bei der Arbeit mit.

Der Hof der Alpe Älpen – ein langgestreckter, eingeschossiger Satteldachbau, der wohl in der Zeit um 1872 entstanden ist – wurde auf einem östlich gelegenen Hang des 1893 Meter hohen Breitenbergs und nordöstlich der Heubatspitze auf einer Höhe von nur 1309 Metern errichtet. Die Alphütte Wank entstand im Jahr 1987 – am Platz des Vorgängerbaus, auf einer Höhe von 1500 Metern – neu. Das kleine Gebäude ist dort von nahezu ebenen Bergwiesen umgeben. Die Alpe Älpen ist über eine relativ flache frühere Schlittenbahn – die ursprünglich zum winterlichen Holztransport genutzt wurde – vergleichsweise leicht erreichbar. Über diesen Wirtschaftsweg lässt sich die Alpe Älpen heutzutage sogar durch ein raupengetriebenes Transportfahrzeug versorgen. Die Bewirtschaftung der Alpe Eck ist dagegen weit weniger bequem zu bewerkstelligen. Sie ist ausschließlich auf steilen Wander- und Viehwegen zu erreichen. Die Grundversorgung der Alpe Eck erfolgt deshalb vor der Saison durch einen Hubschrauber.

1986 gab Ulrich Scholl den Grund der Alpe Eck mit 268 Hektar an. Mit der Alpe Älpen kommen noch einmal rund 200 Hektar zur Gemeinschaftsalpe hinzu. Herden in einer Größenordnung von 155 Jungrindern weiden auf den insgesamt 159 Hektar großen nutzbaren Bergwiesen. Vorweiden der Alpe Älpen und Eck liegen bei der Vorsäßbruck. Die Auffahrt auf diese Galtalpe findet Anfang Juni statt. Am Ende der Alpsaison – nach

Am unteren Rand eines Hochtalkessels sowie der Bergwiesen zwischen Heubatspitze und Kleinem Daumen liegt die Hofhütte der Alpe Eck. Der langgestreckte Bau unter dem blechgedeckten Satteldach entstand vermutlich in der Zeit um 1875.

in der Regel 105 Weidetagen – nimmt die Alpe Älpen und Eck mit Zugschellen und Kranz an einem kleinen Viehscheid teil. Zur Nachweide werden die Rinder dann erneut zu den Wiesen bei der Vorsäßbruck getrieben.

Eine „informelle Chronik" an der Stubentür der Hofhütte von Eck: Hier haben sich Generationen von Hirten – wie zum Beispiel 1876 der Hindelanger Johann Georg Wex – mit ihrem Schnitzmesser verewigt.

Eine hochalpine Alpe mit unwegsamen und nicht ungefährlichen Weidegründen

29 NICKENALPE

Auch die Nickenalpe (auch: Niggenalpe) war einst (ab 1868) ein Besitz der Wittelsbacher. Von dieser Zeit bis 2007 wurde diese Alpe mit der Alpe Mösle als Gemeinschaftsalpe – beide bis in die 1950er-Jahre als eine Sennalpe – betrieben. Die Nickenalpe wurde aber bereits 1452 erstmalig unter dem Namen „Niggenalp" beurkundet. Wie die im Norden angrenzende Alpe Mösle erlangten die Weidegründe dieser Galtalpe im Jahr 1911 den offiziellen Alpstatus. Heute zählt sie zu den schönsten Alpen im Allgäu – umgeben von Bergen wie dem 2029 Meter hohen Pfannenhölzer und dem 1989 Meter hohen Hengst. Bezeichnenderweise heißt ein Teil der Weidegründe der Nickenalpe „Auf dem schönen Bichel".

Etwa 260 Hektar Gesamtfläche erstrecken sich hier um drei Alpgebäude. Die Untere Niggenalpe genannte Hofhütte der Nickenalpe (auch: Niggenalpe-Hof) steht mehr als 1304 Meter hoch über dem Hintersteiner Tal und ist durch einen Weg mit der Alpe Mösle verbunden. Auf 1554 Höhenmetern wurde die Mittlere Niggenalpe (auch: Niggenalpe Schienebichl) in den 1980er-Jahren neu erbaut, nachdem die frühere Hütte durch eine Lawine zerstört worden war. Die 1840 Meter hoch gelegene Obere Niggenalpe (auch: Niggenalpe-Feldalp) brannte im Jahr 2000 ab, weil dort ein Blitz eingeschlagen hatte. Schon im Folgejahr wurde daraufhin die heutige Alphütte errichtet.

Das Gebiet wird von steilen, felsigen Bergwänden geprägt: Nur etwa 78 Hektar nutzbare Lichtweide verdeutlichen in Relation zur mehr als dreimal so großen Gesamtfläche, wie unwegsam das Gelände der Nickenalpe ist. Bei Versorgungstransporten kommt dort deshalb ein Pferd zum Einsatz. Darüber hinaus ist die Alpe nur über einen Quadweg erreichbar.

Ab Mitte Juni beginnt für die rund 60 Stück Jungvieh der Frühsommer auf der Vorweide „Auf der Höhe" am Ortsrand von Hinterstein. Eine Woche lang dürfen sich die Tiere dort beschnuppern. Dann geht es über die Alpe Mösle weiter auf die Weiden der Nickenalpe. Diese Flächen befinden sich in

Alpname/Varianten:	Nickenalpe, Niggenalpe
Alptyp:	Galtalpe
Erste urkundliche Erwähnung:	1452
Jahr der Alpanerkennung:	1911
Lage:	zwischen Pfannenhölzer und Hengst
Vorweiden:	„Auf der Höh" in Hinterstein
Eigentümer:	Gutsverwaltung Hinterstein Stärker GbR
Bewirtschafter:	Georg Rädler
Hirte:	Georg Rädler
Hirte verantwortlich seit:	2007
Weiteres Personal:	Barbara Ottmann, Freunde und Kleinhirten
Höhenlage der Weiden:	1300 bis 1900 Meter
Nutzbare Lichtweide:	78 Hektar
Gesamte Alpfläche:	245 Hektar
Jungvieh:	63 Stück
Milchkühe:	2 Stück
Weitere Tiere:	1 Pferd
Viehscheid:	eigener Viehscheid an der Vorsäßbruck mit Zugschellen und Kranz
Besonderheiten:	Quellen des Tosenbachs vom Engeratsgundsee gespeist

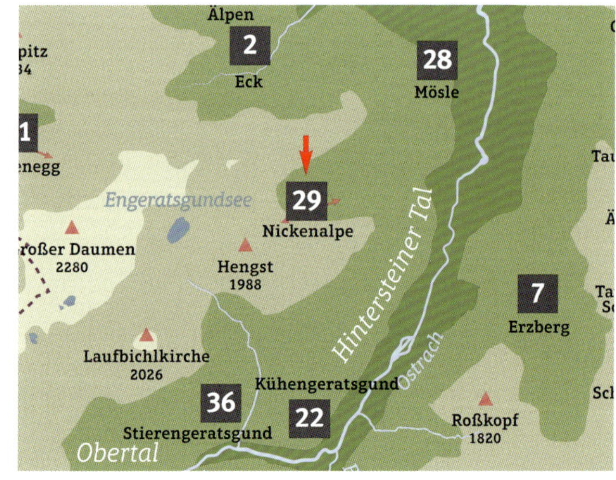

Die höchsten Weiden der Nickenalpe liegen im Hochtalkessel um die Obere Niggenalpe. Westlich grenzen die höchsten Weiden der Engeratsgundalpe an: Der 1876 Meter hoch gelegene Engeratsgundsee speist die Quelle des Tosenbachs, der auf dem Gelände der Nickenalpe verläuft.

Höhenlagen zwischen 1200 Metern und 1900 Metern – ganz oben besitzen sie bereits durchaus hochalpinen Charakter. Steile Felswände stellen dort für die Jungrinder durchaus eine Gefahr dar, die steinigen Weiden machen ihnen hingegen

Der Hirte Georg Rädler sammelt die Herde für den Aufzug zur Oberen Niggenalpe. Die steilen Felshänge der Bergwiesen sind für den Hirten und das Jungvieh eine Herausforderung.

In einer langen Reihe folgen die Rinder der Herde der Trift zur Oberen Niggenalpe. Das erste Wegstück ist nicht ungefährlich, weil der schmale Pfad steil abschüssig verläuft

nichts aus. Auf den Kieswiesen ist die Weidequalität nicht sehr hoch. In den Regionen mit lehmigem Boden wächst vermehrt Borstgras. In den humusreichen Regionen ist die Weidequalität jedoch hervorragend. An frischem Wasser mangelt es dem Vieh hier nicht. Auf den Flächen der Nickenalpe fließt der Tosenbach – ihn speist der westlich hoch über den Bergwiesen um die Obere Niggenalpe liegende Engeratsgundsee. Das Wasser dieses Sees sickert durch das poröse Kalkgestein und tritt tiefer als Quelle des Tosenbachs wieder aus. Nur bei großer Trockenheit steht den Tieren hier nicht mehr genügend Wasser zur Verfügung. Für diesen Fall wurde eine Versorgungspumpe gelegt.

Auf der Nickenalpe weiden eher seltene Weißgurt-Rinder. Eigentlich zählt auch diese Rasse zum Original Braunvieh. Bedingt durch eine genetische Variation zieht sich aber ein breiter weißer Streifen um die Körpermitte der Tiere. Weißgurt-Rinder verfügen über eine geringere Körpergröße. Sie sind eine gute Zweinutzungsrasse: Sie geben zwar weniger Milch, sind aber fleischbetonter, unkompliziert und eignen sich bestens für den Alpbetrieb.

Nach etwa 100 Tagen kehren die Älpler mit ihren Tieren wieder ins Tal zurück. Der Alpabtrieb erfolgt am Saisonende südlich der Rosshütte über den Ortwanger. An der Vorsäßbruck gibt es schließlich noch einen kleinen, internen Viehscheid – ganz traditionell mit Zugschellen und einer geschmückten Kranzkuh, wenn der Alpsommer unfallfrei verlaufen ist.

Beim Aufzug zur Oberen Niggenalpe macht die Herde nahe einer Harschfläche halt. In der Sommerhitze suchen einige Rinder auf dem Altschnee Erfrischung.

Georg Rädler schätzt die Weißgurt-Rinder und hält einige dieser Tiere auf seiner Alpe. Trotz ihrer unübersehbaren genetischen Anomalie gelten sie als reinrassiges Braunvieh.

Kühe im „Paradies“ – Alpwirtschaft schuf das Naturschauspiel eines Ahornbodens

22 KÜHENGERATSGUND

In früheren Zeiten war die Alpe Kühengeratsgund noch ein für sich stehender Sommerberg: Die ganze Alpsaison über wurde dort Vieh gesömmert. Im Jahr 1409 war diese Alpe erstmals beurkundet worden – laut dem Hindelanger Chronisten Ulrich Scholl damals wie nochmals 1424 unter den Bezeichnungen „Narrenwang" beziehungsweise „Enghartsgund". Diese Alpe war im 15. Jahrhundert Eigentum des Fürststiftes Kempten gewesen. Nach dem heutigen Alprecht wurde die Alpe Kühengeratsgund im Jahr 1911 anerkannt – sie gehört heute der gleichnamigen Alpgenossenschaft. Früher sei die Alpe – so Scholl – eine Sennalpe gewesen, sie wird aber seit Langem als Galtalpe genutzt. Scholl hat notiert, dass noch im Jahr 1980 „66 Stück Rinder, 117 Stück Jährlinge und 34 Kälber" auf den Weiden von Kühengeratsgund geälpt wurden.

Heute wird das mit 47 Hektar Lichtweide relativ kleine Gebiet der Alpe nicht mehr eigenständig bewirtschaftet. Die dortigen Wiesen werden vielmehr – hauptsächlich von der Alpe Stierbach – zur Vor- und Nachweide genutzt. Die Weideflächen der Alpe Kühengeratsgund liegen westlich vom 1060 Meter hoch gelegenen Giebelhaus sowie unterhalb und oberhalb der auf 1380 Meter hoch gelegenen Schwarzenberghütte. Etwas unterhalb dieser heutigen DAV-Schutzhütte steht eine kleine Hütte auf dem Mittleren Schwarzenberg (1372 Meter hoch). Auf dem Oberen Schwarzenberg (1462 Meter) existiert noch ein weiteres kleines Gebäude – eigentlich nur ein besserer Materialschuppen. Die Weiden um diese Hütten reichen hier bis auf knapp 1600 Höhenmeter hinauf.

Rund 200 Stück Jungvieh verbringen die letzten Frühlingstage (ungefähr ab 7. Juni) sowie die ersten Tage des Frühsommers auf der Alpe – das allerdings insgesamt nur einen Monat lang, denn am Talfahrtstag, dem 4. Juli, werden die Jungrinder auf die Point-Hütte der Alpe Stierbach getrieben. Erst ab dem 11. September kehren die Jungrinder dann erneut auf die Wiesen der Alpe Kühengeratsgund zurück. Dort dauert die Nachweide bis etwa 10. Oktober, wobei das Ende der Weidezeit von den ersten Schneefällen abhängt. Die in Sichtweite

Alpname/Varianten:	Kühengeratsgund, Kuhengratsgund Alpe Schwarzenberg
Alptyp:	Galtalpe
Erste urkundliche Erwähnung:	1409
Jahr der Alpanerkennung:	1911
Lage:	am Giebelhaus, unterhalb und oberhalb der Schwarzenberghütte
Eigentümer:	Alpgenossenschaft Kühengeratsgund
Bewirtschafter:	Alpgenossenschaft Stierbach
Alpmeister/Oberalpmeister:	Wilhelm Adelgoß/Leonhard Bellot
Hirte:	Adolf Scheidle
Hirte verantwortlich seit:	1986
Weiteres Personal:	2 Kleinhirten, Tagwerker der Hintersteiner Galtalpen
Höhenlage der Weiden:	1030 bis 1600 Meter
Nutzbare Lichtweide:	47 Hektar
Gesamte Alpfläche:	70 Hektar
Jungvieh:	214 Stück im Frühjahr, 180 Stück im Herbst
Besonderheiten:	Vor- und Nachweide der Alpe Stierbach, Schwarzenberghütte ist DAV-Schutzhütte

Die Weiden von Kühengeratsgund liegen unter und über der Schwarzenberghütte (im Bild rechts). Diese auf 1380 Metern Höhe errichtete Hütte gehört der Sektion Illertissen des Deutschen Alpenvereins. Links und oberhalb davon führt ein Weg durch die Waldfläche zur rund 1400 Meter hoch gelegenen Alpe Käser, die bereits auf dem Gelände der Alpe Engeratsgrund liegt. Oberhalb und unterhalb der Schwarzenberghütte sind die beiden Hütten auf dem Mittleren und Oberen Schwarzenberg zu erkennen.

Auf den Gipfeln um das Bärgündletal liegt bereits der erste Schnee, während unterhalb der Schwarzenberghütte noch immer Rinder grasen.

Weiden unterhalb der Schwarzenberghütte – diese Gegend nennt man in Bad Hindelang im Volksmund „Paradies".

aufragenden Berggipfel des Bärgündletals können durchaus vom ersten Schnee überzuckert sein, wenn das Galtvieh auf den Weiden der Alpe Kühengeratsgund noch immer frisches Grün findet. Erst wenn der erste Schnee auch auf den Hängen dieser tiefer gelegenen Alpe liegen bleibt, wird es Zeit für den Abzug und die Rückkehr in den heimischen Stall.

Nicht ohne Grund wird ein Teil der Weideflächen auf der Alpe Kühengeratsgund von Einheimischen als „Paradies" bezeichnet. Dies liegt zum einen an der weiten Aussicht auf die Berge im südwestlich angrenzenden Obertal und im südöstlich benachbarten Bärgündletal. Zum anderen hat die Beweidung der Wiesen auf dem Schwarzenberg eine eigentümliche Landschaft – einen Ahornboden – geschaffen. Knorrige, von Wind und Wetter zerzauste, zum Teil absterbende oder bereits abgestorbene Vertreter des Bergahorns bilden hier (vor allem wenn sich das Herbstlaub der teils jahrhundertealten Bäume goldgelb färbt) eine spektakuläre Naturkulisse. Bei vergleichbaren Ahornböden – etwa im Karwendelgebirge – nimmt man an, dass die vorübergehend aufgegebene Beweidung solcher Alpwiesen während des Dreißigjährigen Kriegs den Aufwuchs

Das Naturschauspiel des Ahornbodens auf der Alpe Kühengeratsgund kam vermutlich zustande, weil die Beweidung längere Zeit aufgegeben wurde und Bäume hochkommen konnten.

höherer Bäume ermöglichte. Die später wieder einsetzende Beweidung hielt den Bewuchs zwischen den am Ende vereinzelt stehenden Bäumen nieder, sodass sich schließlich eine parkähnliche Landschaft entwickelte. Ob sich aber das Naturdenkmal des Ahornbodens über dem Hintersteiner Tal tatsächlich so herausbildete, ist freilich nicht überliefert.

Von den Weiden von Kühengeratsgund genießt man eine spektakuläre Aussicht auf die benachbarten Bergketten.

Eine riesige Alpe, auf der schon seit dem 15. Jahrhundert Eisenerz geschürft wurde

7 ERZBERG

Die Alpe Erzberg befindet sich in den niedrigeren Lagen des Hintersteiner Tals. Die Weidegründe beginnen auf 1000 Metern und erstrecken sich bis auf die Hänge des 1823 Meter hohen Rosskopfs hinauf. 1426 wurde in den Stollen am „Ärtzberg" Eisenerz abgebaut, und 1460 wurde erstmals auch die Alpe genannt. Die Hänge unter dem 2024 Meter hohen Älpeleskopf heißen Erzeck, gleich mehrere Flurnamen auf dem Gemeindegebiet von Bad Hindelang erinnern an den Erzabbau, an die Verhüttung und die deswegen betriebene Köhlerei. Das Areal der Alpe Erzberg durchfließt der Erzbach. Zwei Erzstollen am Rosskopf kann man noch begehen. Die Hindelanger Bergbaugeschichte endete erst mit dem Jahr 1925.

1911 hat die Alpe Erzberg den offiziellen Alpstatus erlangt. Die Gesamtfläche dieser Galtalpe beträgt mehr als 730 Hektar, aber nur etwas mehr als 200 Hektar eignen sich als Viehweide. Dies zeigt das Missverhältnis zwischen nutzbaren Wiesen und ungeeigneten felsigen Flächen. Aus den sehr unterschiedlichen Höhenlagen resultiert die durchwachsene Weidequalität. Vor allem in hoch gelegenen Gebieten sind Geröllhalden, nasse Stellen und minderwertiges Borstgras nicht eben selten.

Das unwegsame Gelände erfordert, dass die Grundversorgung der Älpler per Hubschrauber erfolgt. Frische Nahrungsmittel werden aber noch ganz konventionell im Rucksack oder mit einem Reffle (Tragegestell) auf die Alpe transportiert.

Seit dem Jahr 2000 erleichtert ein Weg bis zum Mittelhof (auch: Mitterhof) – eine von vier neuen Hütten auf der Alpe – die Bewirtschaftung. Um das riesige, unwegsame Areal mit 800 Metern Höhendifferenz zu bewirtschaften, hat man auf der Alpe Erzberg insgesamt fünf Hütten errichtet. Neben dem 1402 Meter hoch gelegenen Mittelhof wurde 2015 auch die Hütte Schiene (1609 Meter hoch) fertiggestellt. Aber auch der Vordere Hof (1030 Meter) und die Sattel-Hütte (1714 Meter) sind neu gebaute Hirtenunterkünfte der Alpe Erzberg. Die in den 1960er-Jahren erbaute Hütte des Hinteren Hofs liegt 1045 Meter hoch.

Alpname:	Erzberg
Alptyp:	Galtalpe
Erste urkundliche Erwähnung:	1460
Jahr der Alpanerkennung:	1911
Lage:	im Schiene-Hochtalkessel zwischen Älpelekopf, Lahnerkopf und Rosskopf
Eigentümer/Bewirtschafter:	Alpgenossenschaft Erzberg
Alpmeister/Oberalpmeister:	Martin Köberle/Leonhard Bellot
Hirte:	Alfons Hartl
Hirte verantwortlich seit:	1993
Weiteres Personal:	2 Kleinhirten, Tagwerker der Hintersteiner Galtalpen
Höhenlage der Weiden:	1000 bis 1800 Meter
Nutzbare Lichtweide:	196 Hektar
Gesamte Alpfläche:	736 Hektar
Jungvieh:	200 Stück
Viehscheid:	Teilnahme am Großen Viehscheid mit Zugschellen und Kranz
Besonderheiten:	Mundlöcher von Erzstollen am Rosskopf als Bodendenkmäler des früheren Eisenerzabbaus

Hirte Alfons Hartl überschaut am Schiene-Hochtalkessel seine Herde im dichten Nebel.

16 Landwirte besitzen hier Weideanteile und bringen ihr Vieh zur Sömmerung auf das Gelände der Alpgenossenschaft Erzberg. Etwa 200 Stück Braunvieh verbringen ab Juni die Weidesaison auf der Galtalpe Erzberg. Der Weidezyklus beginnt in den niedrigeren Lagen beim Vorderen Erzberg-Hof nahe der Eisenbreche im Bereich der Rosshütte. Entlang der Ostrach bietet sich übrigens ein spektakulärer Blick über die Senke auf die Berge des Bärgündletals. Die Weideeinschläge des Hinteren Hofs erstrecken sich bis zur Ostrach-Brücke in

Mit dem Hornschlitten wird Material und Ausrüstung von der Schiene-Hütte zum Mittelhof hinunter gezogen. Auf nassem Gras rutscht die Fuhre recht gut. Hier hilft der Kleinhirte Krispin Burger dem Schlittenführer Markus Hartl als Bremser.

Auf einem Stein nahe der Erzberg-Alpe Sattel hat sich der Hirte Adolf Haas von 1913 bis 1934 verewigt. Doch auch in den folgenden Jahrzehnten ritzten Hirten dieser Alpe ihre Namen und die Jahreszahlen ihrer Alpsommer in den sogenannten „Hirtenstein".

Richtung Giebelhaus, sie zählen ebenfalls zu den niedrigeren Talweiden. Ist das Gras dort abgeweidet, zieht der gesamte Viehbestand auf die Schiene und danach auf den Mittelhof. Die oberen Weiden des Erzbergsattels erstrecken sich bis in die gipfelnahen Höhenlagen am Rosskopf.

Die in Richtung Jubiläumsweg gelegene Notlend-Weide hat man wegen mangelhafter Wasserversorgung und des Aufwands, das Vieh über eine gefährliche Trift zu treiben, aufgegeben. Früher war diese Wiese eine sogenannte Stichweide: Sie wurde im jährlichen Wechsel mit Älplern aus dem benachbarten Tirol bestoßen. Der Chronist Ulrich Scholl hielt fest, dass das Areal in Jahren mit ungerader Zahl der Alpe Erzberg zustand, bei geraden Jahreszahlen aber der Lichten-Alpe in Österreich.

Die großflächige Ausdehnung über mehrere Höhenstufen sowie die Wetterlage erfordern, dass die Erzberg-Herde pro Weidesaison mehr als dutzendmal ihr Territorium wechselt. Die längste Weidezeit auf einem Einschlag beträgt gerade einmal zwei Wochen, die kürzeste – an der Roten Wand in Richtung Giebelhaus – sogar nur drei Tage. Die häufigen Weidewechsel bedeuten für die Älpler einen großen Aufwand. Das fortwährende Auf und Ab stresst nicht nur die Tiere, sondern ist auch mit viel Arbeit verbunden. Schließlich muss auch allerhand Material von Einschlag zu Einschlag transportiert werden. Dabei hilft eine traditionelle Transporttechnik der Älpler: Ein Hornschlitten erleichtert den Hirten das mühsame Umziehen. Auf den steilen Grashängen rutscht der beladene Schlitten quasi von selbst den Berg hinab. Am Schlitten wird hinten ein

Am Rosskopf existieren bis heute zwei Stollen, in denen Eisenerz geschürft wurde.

Seil festgezurrt: Wenn es zu schnell bergab geht, wird der Schlitten mithilfe dieses Strickes abgebremst.

Der Alpsommer endet auf der Alpe Erzberg ganz traditionell mit dem Viehscheid. Trotz des nicht ungefährlichen Geländes dieser Alpe führen häufig Kranzkühe die Herde beim Alpabtrieb an. Kranzrinder zeigen an, dass der Alpsommer für Mensch und Tier unfallfrei verlaufen ist.

Der Erzberg-Mittelhof: In dieser kleinen Hütte der Alpe Erzberg stand bis vor wenigen Jahren eine 150 Jahre alte Futterkiste, in die Generationen von Hirten ihren Namen geschnitzt hatten. Diese restaurierte Kiste wird vom Heimatverein ausgestellt.

Bad Hindelangs einzige private Hochalpe wird mit einem „Eisernen Pferd“ versorgt

43 WILLERSALPE

Die Willersalpe liegt in einem Hochtalkessel südöstlich von Hinterstein. Die Berge Bschießer (2000 Meter hoch), Ponten (2048 Meter), Zirleseck (1872 Meter), Zerrerköpfle (1946 Meter) und Geißeck (2212 Meter) umschließen das 306 Hektar große Alpgebiet im Norden und im Osten. Auf diesen Berggipfeln verläuft die deutsch-österreichische Landesgrenze. Die felsigen Berghänge und der Bergwald reduzieren die effektiv für die Viehhaltung nutzbare Lichtweide allerdings auf etwas mehr als ein Drittel der gesamten Alpfläche. Neben dem sogenannten „Unland" bleiben letztlich noch 115 Hektar als Weidegrund übrig, die sich auf der Willersalpe über Höhenlagen von etwa 1300 bis rund 2000 Metern erstrecken.

Die Willersalpe ist nicht nur als hochalpine Alpe in Privatbesitz eine Besonderheit. Auch ihre Mehrfachnutzung ist nicht alltäglich. Sie ist eine der heute im Allgäu selten gewordenen Sennalpen, wird aber zugleich als Galtalpe betrieben. Außerdem bietet die 1456 Meter hoch am Jubiläumsweg liegende Hofhütte sowohl die Bewirtung der Bergwanderer als auch eine nächtliche Unterkunft in einem Matratzenlager an. Bei der Versorgung der 1456 Meter hoch gelegenen Hofhütte der Willersalpe in der Saison kamen bis ins Jahr 2017 Pferde zum Einsatz. Die letzten zwei Rösser hatten 2018 ausgedient. Seither transportiert ein kleines Raupenfahrzeug – ein sogenanntes „Eisernes Pferd" – schwere Lasten nach oben. Die Erstversorgung der Alpe erfolgte schon zuvor mittels Hubschrauber.

Der Eigentümer der 1911 anerkannten Willersalpe ist Markus Bertele. Seine Eltern und er haben diese Alpe den Erben des 1997 verstorbenen Prinzen Eugen von Bayern abgekauft. Fast genau ein Jahrhundert zuvor – im Jahr 1893 – hatte die Gutsverwaltung des Hauses Wittelsbach die Willersalpe erworben. Wohl seit 1860 war sie als Sennalpe betrieben worden. Doch ihre Vergangenheit reicht Jahrhunderte weiter zurück. Laut dem Chronisten Ulrich Scholl wurde die Willersalpe um 1500 als „Wilhorn-Alb" erstmals urkundlich erwähnt. 1535 wurde

Alpname:	Willersalpe
Alptyp:	Sennalpe, Galtalpe
Erste urkundliche Erwähnung:	um 1500
Jahr der Alpanerkennung:	1911
Lage:	im Hochtalkessel südöstlich von Hinterstein
Vorweiden:	„Auf der Höhe" in Hinterstein
Eigentümer/Bewirtschafter:	Markus Bertele
Senn:	Markus Bertele
Senn verantwortlich seit:	2000
Weiteres Personal:	Familienangehörige, 1 Zusenn, 1 Kleinhirte
Höhenlage der Weiden:	1300 bis 2000 Meter
Nutzbare Lichtweide:	115 Hektar
Gesamte Alpfläche:	306 Hektar
Jungvieh:	86 Stück
Milchkühe:	bis 25 Stück
Weitere Tiere:	11 Hühner, 4 Schweine
Viehscheid:	kleiner Viehscheid für Jungvieh mit Zugschellen und Kranz, mit Milchkühen nur Abzug
Besonderheiten:	Sennalpe in Privatbesitz, Brotzeitbetrieb, Übernachtungsmöglichkeit im Matratzenlager

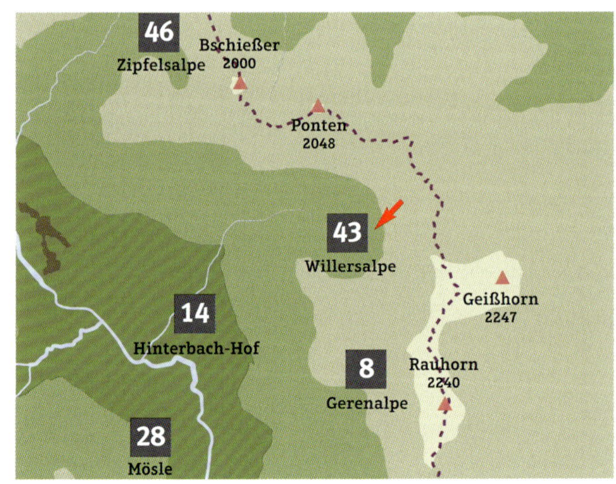

In einem weiten Hochtalkessel oberhalb von Hinterstein liegt die Willersalpe. Die dortige Sennalpe ist eine der letzten auf dem Gebiet der Marktgemeinde Bad Hindelang, wo noch heute in einer hoch gelegenen Hofhütte gemolken und gekäst wird.

sie als „Wilhers Alb" bezeichnet und auch in den Jahren 1585, 1614 und 1783 schriftlich genannt. Zur bewegten Vergangenheit der Willersalpe gehört zudem, dass ihre Hofhütte 1945 – während der Wirren in den letzten Tagen des Zweiten Weltkriegs – von französischen Truppen beschossen und dadurch teilweise zerstört wurde. 1947 mussten das Dach und das Obergeschoss der Hütte neu errichtet werden – eine mühsame Arbeit, da damals noch kein Hubschrauber das Material auf den Berg beförderte. Diese Hofhütte ist ein uriger, wohl im dritten Viertel des 19. Jahrhunderts aus grob verputztem Felssteinmauerwerk errichteter langgestreckter Satteldachbau, der von massiven Strebepfeilern gestützt wird. Rechtwinklig vor dem Eingang zu dem massigen Gebäude steht der weit

Noch 2017 wurden frische Lebensmittel für Gäste des Brotzeitbetriebs auf der Willersalpe mit Pferden den Berg hinauftransportiert. Der Weg zur 1456 Meter hoch gelegenen Hofhütte dauerte bis zu drei Stunden. Heute wird die Alpe mit einem kleinen Raupenfahrzeug versorgt.

kleinere Schweinestall des Hofs. Und im Jahr 2011 entstand schließlich noch ein Wohntrakt der Familie Bertele neben der Hofhütte – diesmal erleichterten Hubschraubertransporte und modernes Gerät den Hausbau.

Markus Bertele ist nicht nur der Eigentümer der Alpe, sondern auch der Hirte und Senn. Er hat also nicht nur das Vieh zu hüten und zu melken, sondern betreibt auch die Käserei, in der die auf der Willersalpe gemolkene Milch in der Sennküche der Hofhütte zu Käse und Butter verarbeitet wird. Ein Laib des dort hergestellten Bergkäses kann schon einmal bis zu 25 Kilo wiegen. Seine Reifezeit ist dementsprechend lang. Bis zu einem Jahr lang lagert ein derartiger Käselaib, bis er zum Verzehr geeignet ist.

Die Sommersaison der Senn- und Galtalpe beginnt Mitte Juni „Auf der Höhe“ auf einer Vorweide im Hintersteiner Tal. Dort können sich zum einen Rinder aus unterschiedlichen Ställen kennenlernen und aneinander gewöhnen. Zum anderen aber

Markus Bertele ist der Eigentümer der Willersalpe, Hirte und Senn in Personalunion. Die Arbeit auf der Alpe erleichtert ihm die mit Strom aus einem Dieselaggregat angetriebene Melkmaschine. Während des Alpsommers sind tagtäglich zwei Dutzend Kühe zu melken.

eignen sich die dortigen Flächen sehr viel besser zum Ausladen des Viehs als höher gelegene, unwegsamere Alpflächen.

Die Sommermonate verbringen zwar sowohl rund 90 Jährlinge als auch zwei Dutzend Milchkühe auf den Bergwiesen der Willersalpe. Auf dem Berg gehen sie jedoch getrennte Wege. Die höheren Weideeinschläge werden für die Galtviehhaltung genutzt. Denn südlich der Hofhütte erstrecken sich die Wiesen am Willersboden um die 1600 Meter hoch gelegene Alphütte Älpele. Nördlich der Hofhütte liegen – 1772 Meter hoch und damit knapp unter dem Gipfel des Zirlesecks sowie unweit der Landesgrenze – die Bergwiesen um die Alphütte Feldalpe. Auf den dort jeweils eher mageren Weiden – die hier bis in Höhenlagen von rund 2000 Metern hinaufreichen können – gedeiht das Gras nicht derart gut wie in den etwas niedrigeren Lagen. Die Jungrinder werden aber später immerhin zum „Nachfretzen" auf die tiefer gelegenen Weiden im Hochtalkessel getrieben. Dort weiden sie letzte Gräser der schmackhafteren Wiesen nach, an denen sich zuvor die Milch-

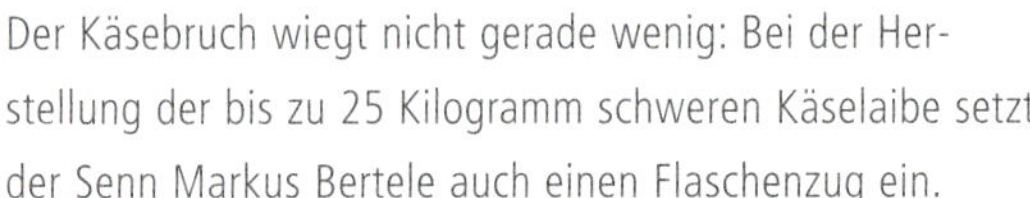

Der Käsebruch wiegt nicht gerade wenig: Bei der Herstellung der bis zu 25 Kilogramm schweren Käselaibe setzt der Senn Markus Bertele auch einen Flaschenzug ein.

Auf der Willersalpe gibt es viele ebene Weideflächen nahe der Hofhütte – eine gute Voraussetzung für die Milchkuhhaltung, denn dem Senn ersparen die nahen Wiesen weite Wege.

kühe der Alpe gütlich getan haben. Diese Flächen werden dadurch gründlicher abgefressen, das neue Gras kann danach besser nachwachsen. Erst Ende September kehrt die Galtviehherde noch einmal zur Nachweide auf die Wiesen „Auf der Höhe" bei Hinterstein zurück. Die Saison endet mit einem kleinen Viehscheid in Bad Hindelang. Zu diesem Fest werden die Tiere ordentlich herausgeputzt und prächtig mit Zugschellen und Kränzen geschmückt.

Die beiden Dutzend Milchkühe auf der Willersalpe bilden eine eigene Herde. Sie werden schon getrennt von den Jungrindern antransportiert, für sie endet die Weidesaison bereits etwas früher. Der weitläufige Hochtalkessel rund um die Hofhütte ist für die Milchviehhaltung besonders gut geeignet. Die nahen Weiden ersparen dem Hirten beim täglichen Melken weite Wege, und auch die Weidequalität auf der hügeligen Ebene ist sehr gut. Für frisches Wasser sorgt unter anderem der Willersbach, der nahe der Willersalpe entspringt. Auf der Willersalpe werden übrigens auch Hühner gehalten sowie etliche Schweine gesömmert. Auf Sennalpen sind Schweine nicht selten: An diese Tiere wird nämlich die beim Käsen entstandene Molke verfüttert.

Zu all dieser Arbeit kommt auf der Willersalpe auch noch die Gastronomie und die damit verbundene Versorgung der Gäste hinzu. Weil zu dieser abgeschieden gelegenen Alpe kein mit herkömmlichen Fahrzeugen befahrbarer Wirtschaftsweg führt, müssen während der Alpsaison alle paar Tage frische Lebensmittel mit dem „Eisernen Pferd" vom Hintersteiner Tal herauf zur Hofhütte der Willersalpe transportiert werden. Die häufigen Transporte von frischen Lebensmitteln sind auch deshalb weiterhin nötig, weil die Stromversorgung durch das Diesel-

Wenn der erste Schnee auf den Hängen liegt, wird es Zeit für den Abzug: Markus Bertele beim Abtrieb der Milchkuhherde von der Willersalpe.

aggregat der Hofhütte nicht ausreicht, um im Sommer alle Lebensmittel ausreichend zu kühlen. Dem trägt auch die bodenständige Speisekarte Rechnung. Auf dieser steht neben Speck, Landjägern und Nudelgerichten auch der Käse von der Willersalpe.

Das Dieselaggregat kommt aber auch zum Einsatz, um die Melkmaschine auf der Willersalpe mit Strom zu versorgen. Eine mit dem Strom dieses Aggregats betriebene Waschmaschine ist ein eher außergewöhnlicher „Luxus" – vermutlich ist sie sogar die einzige auf einer Bad Hindelanger Alpe.

Elektrizität für das nachts benötigte Licht produzieren Solarzellen. Warmes Wasser gibt es hier lediglich, wenn die Sonne scheint, denn das Brauchwasser wird durch Sonnenkollektoren auf dem Dach der Willersalpe erhitzt.

Eine kleine Galtalpe, die Jahrzehnte nach der Stilllegung wieder bewirtschaftet wird

8 GERENALPE

Nach Jahrzehnten ohne Beweidung wurde die Alpe Geren 2017 revitalisiert. Die Bewirtschaftung dieser Alpe über dem Hintersteiner Tal hat man wohl in den 1950ern aufgegeben. Dies widerspricht allerdings der Darstellung des Hindelangers Ulrich Scholl, der 1986 in seiner Chronik des Ostrachtals festhielt, dass man zuletzt 1946 zwölf Kühe auf die von ihm als „Gernalpe" bezeichnete Gerenalpe aufgetrieben habe. Es gehört zu den Besonderheiten dieser so oder so lange Zeit nicht mehr bewirtschafteten Alpe, dass über ihre Frühgeschichte nur wenig bekannt ist. Der Ortshistoriker Ulrich Scholl hat zwar überliefert, dass die Alpe Geren einst in Verbindung mit der Alpe Schrecken – der heutigen, erst 2010 wiederbelebten und anerkannten Taufersalpe-Schrecksee – zeitweilig durch die Alpe Erzberg mitbewirtschaftet wurde. Diese Angabe scheint aber wohl nicht zu stimmen.

Scholl hat außerdem überliefert, dass 1871 eine Brauerei in Obergünzburg (Landkreis Ostallgäu) die Alpe Geren an die Gutsverwaltung des Prinzen Luitpold von Bayern veräußert hatte. Diese vor ihrer Auflassung zuletzt als Galtalpe betriebene Alpe war – so Scholl – während der Zeit des Ersten Weltkriegs als Sennalpe bewirtschaftet worden. Dies bestätigen jene Fundamente, die man auf mehr als 1600 Metern Höhe oberhalb der jetzigen Alphütte entdeckt. Diese Wüstung lässt auf einen kleinen Melkstall und auf einen größeren Keller der dort betriebenen Sennerei schließen. Heute gehört die Alpe Geren der Franz-Haniel-Stiftung. 25 Hektar Fläche erstrecken sich bis knapp unter den Gipfel des nördlich gelegenen 1898 Meter hohen Gerenkopfs. Die höchsten Bergwiesen liegen nicht unter dem namensgebenden Gipfel: Die Weiden reichen bis zu 1950 Meter hoch hinauf.

Der Pächter und Hirte dieser Galtalpe – Christian Schratz – hat die Reaktivierung der Alpe in die Wege geleitet. Heute steht dort eine kleine Holzhütte mit zwei Schlafkammern, einer Wohnstube und einem Notstall für das Vieh auf 1633 Metern Höhe. Beim Bau dieser Hütte auf dem westseitigen Hang des 2240 Meter hohen Rauhorns mussten die Einzelteile des neuen Gebäudes per Hubschrauber auf den Berg transportiert werden. Denn die Hänge der Alpe Geren

Alpname:	Geren, Gernalpe
Alptyp:	Galtalpe
Erste urkundliche Erwähnung:	1871
Jahr der Alpanerkennung:	2017
Lage:	westlich unterhalb des Rauhorns
Vorweiden:	Talweide Hinterstein
Eigentümer:	Franz-Haniel-Stiftung
Bewirtschafter:	Christian Schratz
Alpmeister:	Christian Schratz
Hirten:	Peter Schratz und Friedhelm Porzelt
Hirten verantwortlich seit:	2017
Höhenlage:	1400 bis 1950 m
Nutzbare Lichtweide:	25 Hektar
Gesamte Alpfläche:	102 Hektar
Jungvieh:	40
Besonderheiten:	nach 65 Jahren wiederbelebte Alpe

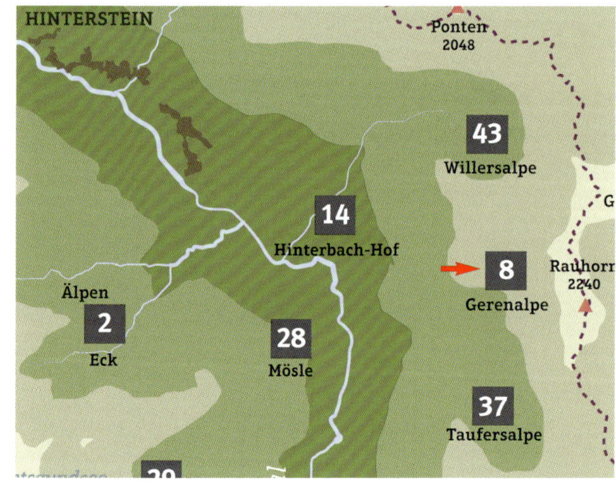

sind besonders steil: Das Vieh wird hier mühselig über einen engen Trampelpfad auf die Bergwiesen getrieben. Chronist Ulrich Scholl hat den Namen der Alpe Geren vom Wort „ger" oder „gere" abgeleitet, das einen sich keilförmig verengenden steilen Grashang zwischen felsigem Gelände bezeichnen soll. Das Alppersonal wird auf den am höchsten gelegenen Weiden der Alpe Geren jedenfalls durch den weiten Blick auf das Hintersteiner Tal, bis zum Schrecksee und auf den Hochvogel, den Lahnerkopf und sogar auf den Großen Alpsee bei Immenstadt entschädigt. Rechtlerweiden in Hinterstein sind als Vor- und Nachweide vorhanden.

Eine spektakuläre Aussicht entschädigt den Hirten und seine Helfer für die anstrengende Auffahrt der Herde auf die Weiden der Gerenalpe.

Der Name der Alpe Geren soll sich von einem steilen Berghang ableiten. Die Lage der neuen Alphütte dieser 2017 wiederbelebten Galtalpe scheint diese Annahme zu bestätigen.

Diese Alpe wird seit 2017 wieder von der Taufersalpe-Schrecksee mitbewirtschaftet

37 TAUFERSALPE

Die Taufersalpe ist eine der ältesten Allgäuer Alpen. Als Ulrich Scholl 1986 seine Chronik des Ostrachtals herausgab, führte er als früheste Nennung das Jahr 1535 auf. 1874 kam diese Alpe in den Besitz des Hauses Wittelsbach. 1911 wurde die Taufersalpe in ihrem damals viel größeren Zuschnitt, der auch die Fläche der heutigen Taufersalpe-Schrecksee umfasste, als Alpe anerkannt. Aus dem Nachlass des 1997 verstorbenen Prinz Eugen von Wittelsbach ging die heutige Taufersalpe – damals nur noch eine Teilfläche der ursprünglichen Taufersalpe – in den Besitz der Franz-Haniel-Stiftung über. Denn die heutige Taufersalpe besteht aus den tiefer liegenden Flächen der ursprünglichen, 1964 allerdings aufgelassenen Sennalpe Taufersalpe-Schrecksee.

Die heutige Taufersalpe ist auf dem Papier eine eigenständige Alpe. In der Alpdatei des Alpwirtschaftlichen Vereins im Allgäu wird sie jedenfalls noch als eine solche geführt. Der Grund dafür ist, dass das Gebiet der Taufersalpe bereits seit 1980 von der Alpe Erzberg mitbewirtschaftet wurde: Deshalb blieb diesem Teil der historischen Taufersalpe die Alpanerkennung erhalten. Im Gegensatz dazu musste für das höher gelegene Areal der heutigen Taufersalpe-Schrecksee die Anerkennung als Alpe 2010 neu beantragt werden, weil die dortigen Bergwiesen bis zur Reaktivierung dieses Gebiets als Alpe beinahe 50 Jahre nicht mehr bewirtschaftet worden waren.

In der alpwirtschaftlichen Praxis ist die Taufersalpe mittlerweile wieder mit der Taufersalpe-Schrecksee vereint. Die Taufersalpe, die von der Alpe Erzberg von 1980 bis 2016 als Vor- und Nachweide genutzt wurde, wird seit 2017 gemeinsam mit der höher gelegenen, angrenzenden Alpe bewirtschaftet. Nach der Vorweide im Tal ist die Taufersebene nunmehr die unterste Etage im Stafelbetrieb der Taufersalpe-Schrecksee: Zwei Wochen hält sich die Herde im Frühling auf den dortigen Weiden auf. Im Herbst dient die Taufersalpe dem Galtvieh dann noch einmal etwa zehn Tage lang als Nachweide.

Die Weideflächen der Taufersalpe erstrecken sich östlich des 2125 Meter hohen Gipfels des Kugelhorns auf dem Talgrund des Hintersteiner Tals. Die untere Weidegrenze liegt bei 1000 Höhenmetern, die höchsten Weiden reichen bis zu 1850 Meter hinauf. An die Zeit als Sennalpe erinnert die Wüstung der auf

Alpname/Varianten:	Taufersalpe
Alptyp:	Galtalpe
Erste urkundliche Erwähnung:	1535
Jahr der Alpanerkennung:	1911
Lage:	südlich von Hinterstein und westlich des Kugelhorns
Eigentümer:	Franz-Haniel-Stiftung
Bewirtschafter:	Florian Karg
Hirte:	Magnus Holzer
Hirte verantwortlich seit:	2018
Höhenlage der Weiden:	1000 bis 1850 Meter
Nutzbare Lichtweide:	20 Hektar
Gesamte Alpfläche:	143 Hektar
Viehbestand:	Die Taufersalpe wird seit 2017 von der Taufersalpe-Schrecksee mitbewirtschaftet.

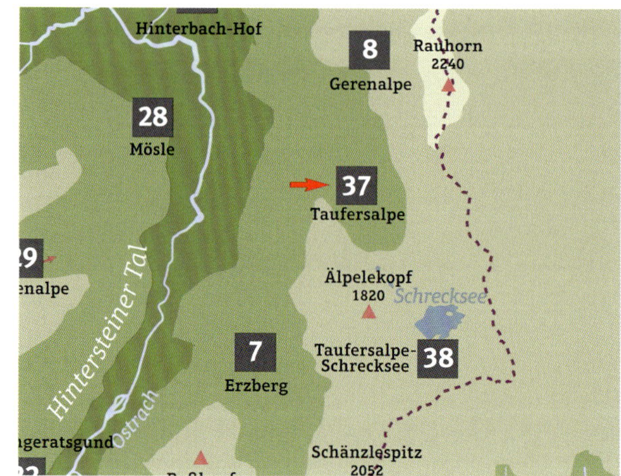

Der Blick von der höher gelegenen Taufersalpe-Schrecksee auf das Hintersteiner Tal und die Taufersalpe. Auch die längst von Bäumen und Buschwerk überwucherten Hänge beiderseits der Taufersebene waren früher regelmäßig beweidete Bergwiesen. Im Bildhintergrund sind die Bad Hindelanger Ortsteile Hinterstein und Bad Oberdorf zu erkennen.

1338 Höhenmetern gelegene Hofhütte, wo früher – parallel zu einer zweiten Sennalpe am Schrecksee – gekäst wurde. Vom längst aufgelassenen Gebäude der einstigen Sennerei sind nur noch wenige Mauerreste neben dem Weg hinauf zur Taufersalpe-Schrecksee erhalten.

Auch die Fläche der heutigen Taufersalpe war in einer Zeit, als die Beweidung der Bergwiesen noch nicht gefördert wurde, von der Krise der Berglandwirtschaft betroffen gewesen. Denn auch hier fehlten seinerzeit die Herden, welche die Flächen in ausreichendem Umfang beweidet hätten. Darum verbuschten die Hänge beiderseits der Taufersebene, die Bäume konnten ungehindert wachsen. Wo sich früher auf den Hängen Weideflächen ausgedehnt hatten, machten sich nach und nach niedrig bleibende Gehölze zwischen den Fichten breit. Aus dieser Phase mangelnder Beweidung resultiert das heute krasse Missverhältnis von 20 Hektar Lichtweide zu knapp 143 Hektar Gesamtfläche der Taufersalpe.

Diese wiederbelebte Alpe ist der höher gelegene Teil der ursprünglichen Taufersalpe

38 TAUFERSALPE-SCHRECKSEE

Der Doppelname „Taufersalpe-Schrecksee" erinnert zum einen daran, dass es sich bei dieser jungen – weil erst 2010 offiziell anerkannten – Alpe um die höher gelegene Teilfläche der historischen, im Jahr 1535 erstmals genannten Taufersalpe handelt: Ein Gebiet, das jedoch beinahe ein halbes Jahrhundert nicht mehr bewirtschaftet worden war. Zum zweiten erinnert der Name der Alpe an die 1785 erstmals urkundlich erwähnte Alpe „Schröcken". Dieser Namensbestandteil der Taufersalpe-Schrecksee verrät die Lage der längst verfallenen Sennalpe und zugleich den Standort der heutigen Hofhütte: Denn beide Gebäude wurden knapp unterhalb des Schrecksees – eines der sehenswertesten Bergseen in den alpinen Hochlagen der Allgäuer Alpen – errichtet.

Der frühestens bis Ende Juni eisfreie Hochgebirgssee liegt in einem Hochtalkessel, der auf drei Seiten von mehr als 2000 Meter hohen Berggipfeln umgeben wird. Östlich stehen der 2071 Meter hohe Knappenkopf sowie das 2013 Meter hohe Kirchendach, südöstlich die 2135 Meter hohe Kälbelespitze, südlich der 2129 Meter hohe Kastenkopf und der 2121 Meter hohe Lahnerkopf. Die Grenze zwischen Bayern und Tirol verläuft auf dieser Bergkette. Die deutsch-österreichische Landesgrenze am immerhin auch noch 1926 Meter hoch gelegenen Kirchendachsattel ist von der Alphütte am Schrecksee gerade mal knapp 300 Meter weit entfernt.

Der so idyllisch gelegene, rund zehn Hektar große See ist im Prinzip ein natürliches Gewässer. Allerdings wurde dieser 1813 Meter hoch gelegene Bergsee in den 1950er-Jahren ungefähr acht Meter hoch aufgestaut, um ihn dadurch als Treibwasserspeicher für die Stromgewinnung im annähernd 900 Höhenmeter tiefer liegenden Elektrizitätswerk Auele (auf 938 Metern im Hintersteiner Tal unterhalb der Taufersalpe) nutzen zu können. So entstand die kleine Insel mitten im Schrecksee: Sie war vor dem Bau der Staumauer sowie dem daraus resultierenden Anstieg des Wasserspiegels eine vom Ufer aus zugängliche Halbinsel gewesen.

Alpname:	Taufersalpe-Schrecksee
Alptyp:	Galtalpe
Erste urkundliche Erwähnung:	1535 als Taufersalpe, 1785 die Alpe „Schröcken"
Jahr der Alpanerkennung:	2010
Lage:	Hochtalkessel des Schrecksees
Vorweiden:	in Oberjoch am Iselerhang, am Hotel Prinz-Luitpold-Bad
Eigentümer:	Franz-Haniel-Stiftung
Pächter:	Florian Karg
Hirte:	Magnus Holzer
Hirte verantwortlich seit:	2018
Weiteres Personal:	1 Kleinhirte
Höhenlage der Weiden:	1750 bis 2050 Meter
Nutzbare Lichtweide:	100 Hektar
Gesamte Alpfläche:	200 Hektar
Jungvieh:	95 Stück
Milchkühe:	1 Stück
Viehscheid:	auf kleinem Viehscheid, mit Zugschellen und Kranz
Besonderheiten:	eine erst 2010/11 wiederbelebte Alpe

Die Wetterküche über dem 1813 Meter hoch gelegenen See sorgt oft für den stimmungsvollen Wechsel von Sonnenlicht und Wolken.

Die Alpe am Schrecksee war bis Mitte des 20. Jahrhunderts als Sennalpe betrieben worden. Wegen der immensen Höhenunterschiede zwischen den Weiden der Alpe Schrecksee und denen der Taufersalpe (mehr als 500 Höhenmeter) war in den Sennküchen sowohl der einen als auch der anderen Alpe gekäst worden – je nachdem, wo die Herde eben weidete. Diese beiden Sennalpen sind längst verfallen. Vom wohl vor knapp 150 Jahren errichteten Sennereigebäude der Alpe Schrecken sind – wenige Schritte von der heutigen, 2011 entstandenen Alphütte entfernt – nur noch letzte Relikte der Grundmauern

Um die Auffahrt der Herde zur Taufersalpe-Schrecksee zu ermöglichen, musste ein abenteuerlich wirkender Weg in eine steile Felswand zwischen der Taufersebene und dem höher gelegenen Schrecksee-Plateau gesprengt, danach ausgebaut sowie durch Stahlseile gesichert werden.

erhalten. Mit der Zeit wurde die Alpe Schrecken zur Wüstung, weil das Dach der Sennhütte die Schneelast im Winter nicht mehr tragen konnte und am Ende einstürzte.

Als man die Sennerei aufgegeben hatte, wurde die Taufersalpe – betrieben von der Wald- und Weidegenossenschaft Bad Oberdorf – zur Galtalpe. Doch auch die Beweidung mit Jungvieh war bald unwirtschaftlich: Es lohnte sich nicht mehr, die Tiere zur Älpung auf die weitab gelegene und (über einen steilen, unausgebauten Waldweg sowie über einen schmalen Pfad durch eine Felswand) nur schwer zugänglichen Alpe am Schrecksee zu treiben. Denn die hochalpine Alpwirtschaft wurde seinerzeit noch nicht durch Subventionen unterstützt. 1964 wurden die Flächen der Galtalpe am Schrecksee deshalb zum letzten Mal beschlagen. Danach verfiel der Weg dorthin.

Dass die Wiesen am Schrecksee aus dem darauf folgenden fast 50-jährigen „Dornröschenschlaf" geweckt wurden, ist dem Bad Hindelanger Florian Karg – langjähriger Hirte auf der Alpe Blättele – zu verdanken. Ihm fiel die außergewöhn-

Häufig liegt Schnee, wenn im Juni Material per Hubschrauber zur Hirtenhütte am Schrecksee transportiert wird. Der Neubau wurde nahe der Stelle errichtet, an der bis in die 1960er-Jahre die stattliche Sennalpe Schrecken stand. Florian Karg, der Pächter der Taufersalpe-Schrecksee, zeigt ein Foto der früheren Alpe.

lich gute Weidequalität der hoch gelegenen Wiesen auf. Karg pachtete die Alpfläche und ließ den Weg dorthin ausbauen. Dafür mussten sogar Felsen eines 500 Meter hohen Bergmassivs zwischen der Taufersebene und dem Schrecksee-Plateau durch Sprengungen beseitigt werden. Die somit entstandene Trasse musste anschließend aber auch noch für das Vieh begehbar gemacht werden. Stahlseile am Rand dieses schmalen Wegs sichern seitdem Mensch und Tier gegen die dort steil abfallenden Berghänge hin ab.

In der Nachbarschaft der 1784 Meter hoch gelegenen Ruine der aufgelassenen und danach verfallenen Alpe Schrecken errichtete Florian Karg im Jahr 2011 seine neue Alphütte, nachdem 2010 die Umstrukturierung der Flächen erfolgt war und die dadurch neu entstandene Taufersalpe-Schrecksee offiziell anerkannt werden konnte. Florian Karg bewirtschaftet die rund 200 Hektar umfassenden Alpflächen, die früher dem Haus Wittelsbach gehört haben und die heute im Besitz der Franz-Haniel-Stiftung sind. Beinahe die Hälfte der Gesamtfläche ist nutzbare Lichtweide.

Erst seit 2017 bewirtschaftet die Taufersalpe-Schrecksee die niedriger gelegenen Weiden der Taufersalpe mit und verfügt seitdem über eine Schneeflucht. Setzte der Schneefall bis dahin früh im Jahr ein, musste ein Hubschrauber Heuballen als Futter für die Herde beim Schrecksee bis zur Hirtenhütte der Taufersalpe-Schrecksee hinaufbefördern.

Die Vorweiden der Taufersalpe-Schrecksee liegen am Iseler westlich der Iselerbahn sowie auf einer Fläche der Wald- und Weidegemeinschaft Bad Oberdorf am Hotel Prinz-Luitpold-Bad. Von dort wird die Herde durch den alten Dorfkern von Bad Oberdorf getrieben. Bis 2016 erfolgte der Alpaufzug der Herde im Juni an einem Stück – über die Taufersebene bis zu den weit höher gelegenen Weiden der Taufersalpe-Schrecksee hinauf: Vom Elektrizitätswerk Auele im Hintersteiner Tal bis zu den Weiden am Schrecksee waren auf oft schwierigen, nicht immer ganz ungefährlichen Wegen mehr als 700 Höhenmeter zu überwinden. Dadurch, dass heute die auf Höhen zwischen 1300 und 1600 Metern gelegenen Weiden der Taufersalpe von der Taufersalpe-Schrecksee mitbewirtschaftet werden, ist die zuvor für Mensch und Tier so anstrengende Alpauffahrt kürzer und einfacher geworden. Die Taufersalpe ist seit dem Jahr 2017 – abgesehen von den Vor- und Nachweiden im Tal – die tiefste Stafel im Weidezyklus der Taufersalpe-Schrecksee.

Die niedrigsten Weiden der Taufersalpe-Schrecksee liegen rund 1750 Meter hoch: Keine zweite Alpe in Bad Hindelang beginnt in dieser Höhenlage. Der Auftrieb beziehungsweise Abtrieb vom respektive zum Plateau der Taufersalpe ist Schwerarbeit, für die der Hirte ungefähr ein Dutzend Helfer braucht. Wegen der Höhenlage der Weidegründe (sie erstrecken sich bis auf rund 2050 Höhenmeter) beginnt der Alpsommer am Schrecksee spät im Jahr – und sogar im August kann Schnee fallen. Erst seitdem die Taufersalpe mitbewirtschaftet wird, stehen der Taufersalpe-Schrecksee die niedriger gelegenen Weiden der Taufersebene als Schneeflucht zur Verfügung. Bis 2016 mussten bei frühem Schnee Heuballen als Futter für die Herde am Schrecksee per Hubschrauber bis zur auf 1780 Höhenmetern gelegenen Hofhütte der Galtalpe hinauftransportiert werden. Diese Alphütte ist nach der sogar auf circa 2000 Höhenmetern gelegenen Hütte der Alpe Wengen am Koblat im Gemeindegebiet von Bad Hindelang die zweithöchste.

Die Weideflächen der Taufersalpe-Schrecksee erstrecken sich im Wesentlichen über zwei Hochtalkessel: Die einen liegen rund um die neue Alphütte, die anderen auf den tiefgrünen hochalpinen Matten um den höher gelegenen Schrecksee. Etwa 90 Jungrinder von bis zu acht Bauern und mindestens eine Milchkuh zur Selbstversorgung des Alppersonals verbringen die Saison auf der Alpe. Die Tiere stammen aus den Landkreisen Oberallgäu und Ostallgäu. Beinbruch, Blitzschlag und Absturz kommen auf dieser extremen Alpe vor.

Auch für die Herde der Taufersalpe-Schrecksee endet der Alpsommer mit den letzten Septembertagen. Dann beweidet sie aber bereits wieder die niedriger gelegenen Wiesen der Taufersalpe. Von dort werden die Jungrinder zum Kraftwerk Auele hinabgetrieben, wo den Tieren die Zugschellen für den Viehscheid angelegt werden. Von hier geht es am nächsten Tag durch das Hintersteiner Tal nach Bad Hindelang, wo die Alpsaison im Rahmen eines der kleinen Nach-Viehscheide auf der Viehscheidwiese endet. Anschließend wird eine Hälfte der Herde auf die Nachweide im Ortsteil Vorderhindelang und nach Oberjoch getrieben. Die andere Hälfte kommt sofort in den heimischen Stall: Dabei handelt es sich um trächtige Rinder, die früh – ab Mitte des Monats Oktober – kalben werden.

Von der aufgelassenen Hirtenhütte der früheren Alpe Schrecken sind nur die Mauerreste – eine sogenannte Wüstung – erhalten.

Mitten in der Wetterküche erfolgt Mitte September der Abzug ins Tal. Der damalige Hirte Michl Kotz schaut auf die langsam nachrückende Herde.

DREI ALPEN IM BÄRGÜNDLETAL

Das Bärgündletal ist die südöstliche Verlängerung des Hintersteiner Tals. Die Alpflächen erstrecken sich hier beiderseits des Bärgündlesbachs und des Stierbachs bis hin zur unüberwindlichen Barriere der Nordwand des Wilden Grats am Südende des Talbodens. Im Südosten überragen der 2163 Meter hohe Wiedemerkopf sowie der Kreuzkopf (2287 Meter), der Vordere Wilde (2241 Meter) und der Große Wilde (2379 Meter) das Bärgündletal. Südwestlich zieht sich ein Berggrat zwischen dem 1949 Meter hohen Gipfel des Giebels über die im Norden angrenzenden Berge – Bergächtl (2006 Meter hoch), Salober (2088 Meter), Laufbacher Eck (2178 Meter), Rotkopf (2194 Meter), Schneck (2268 Meter) und Himmeleck (2007 Meter) – entlang der dortigen hochalpinen Alpflächen wie eine trennende Mauer zum westlich benachbarten Obertal.

Der langgezogene Giebelgrat, der bis in die Gipfelregion grün ist, wird von der Alpe Stierbach so hoch beweidet, wie es das steile Gelände zulässt. Die Alpe Bärgündle, die sich östlich des Bärgündlebachs und des Stierbachs ausdehnt, wird heute von der ganz im Süden gelegenen Alpe Kühbach mitbewirtschaftet. In diesem Gebirgstal dehnen sich – bei nur geringer Besatzdichte – die größten Alpweiden auf dem Gebiet der Marktgemeinde Bad Hindelang aus. Die niedrigeren grünen Berghänge des Bärgündletals sind durchaus gute Weidegründe.

Unter schroffen Gipfeln am Westrand des Bärgündletals weidet eine große Herde

35 STIERBACH

Die drei jeweils 1911 offiziell nach heutigem Alprecht anerkannten Alpen im Bärgündletal sind das beste Beispiel dafür, wie verworren und verwirrend zugleich die lange Geschichte der Bad Hindelanger Alpen sein kann. Das beginnt in diesem Fall damit, dass die Alpen Kühbach und Stierbach bis heute eine gemeinsame Flurnummer haben, obwohl sie getrennt bewirtschaftet werden. Der Chronist Ulrich Scholl führte im Jahr 1986 zwar noch die insgesamt knapp 790 Hektar große „Küh- und Stierbachalpe" auf: Dies zum einen, weil sie im Jahr 1361 erstmals als eine zusammengehörige Alpe „Bach" urkundlich erwähnt worden war. Zum anderen, weil diese erst seit 1960 Küh- und Stierbachalpe genannte Alpe (anders als heutzutage) seinerzeit gemeinschaftlich bewirtschaftet wurde. Heute jedoch sind die Alpe Kühbach und die Alpe Stierbach eigenständig geführte Alpen, wobei allerdings mittlerweile die einstmals eigenständige – immerhin bereits 1426 erstmals erwähnte und mit ihren 486 Hektar Fläche alles andere als kleine – Alpe Bärgündle von Kühbach aus mitbewirtschaftet wird. Trotzdem wurden 2018 beide Weideflächen – die der Stierbachalpe wie die der neu gebildeten Gemeinschaftsalpe Kühbach und Bärgündle – von derselben Gunzesrieder Hirtenfamilie Scheidle betreut, was das Verwirrspiel zumindest für uneingeweihte Ortsfremde vollends komplettieren muss.

Alpname:	Stierbach
Alptyp:	Galtalpe
Erste urkundliche Erwähnung:	1361
Jahr der Alpanerkennung:	1911
Lage:	östlich unter dem Giebelgrat zwischen dem Giebel im Norden und dem Schneck im Süden
Vorweiden:	Alpe Kühengeratsgund
Eigentümer:	Alpgenossenschaft Bachalpen
Alpmeister/Oberalpmeister:	Johannes Bellot/Leonhard Bellot
Hirte:	Adolf Scheidle
Hirte verantwortlich seit:	1986
Weiteres Personal:	2 Kleinhirten, Tagwerker der Hintersteiner Galtalpen
Höhenlage der Weiden:	1050 bis 2050 Meter
Nutzbare Lichtweide:	219 Hektar
Gesamte Alpfläche:	391 Hektar
Jungvieh:	273 Stück
Milchkühe:	2 Stück
Viehscheid:	Teilnahme am Großen Viehscheid mit Zugschellen und Kranz
Besonderheiten:	in Bezug auf die Zahl der Tiere die größte Alpe in Bad Hindelang

Wenigstens topografisch ist die Alpe Stierbach relativ einfach von den zwei benachbarten Alpen Kühbach und Bärgündle zu unterscheiden. Denn die Erstere liegt westlich des Stierbachs. Die Weiden der beiden Letzteren erstrecken sich östlich dieses Gebirgsbachs, der sein Wasser an den nördlich anschließenden Bärgündlesbach abgibt, der wiederum beim Giebelhaus in die Ostrach mündet. Westlich werden die Weidegründe der Alpe Stierbach von den Gipfeln des 1949 Meter hohen Giebels (im Norden), des 2006 Meter hohen Bergächtls, des 2088 Meter hohen Salobers, des 2178 Meter hohen Laufbacher Ecks, des 2194 Meter hohen Rotkopfs sowie des 2268 Meter hohen Schnecks (im Süden) begrenzt. Entlang dieser Alpengipfel er-

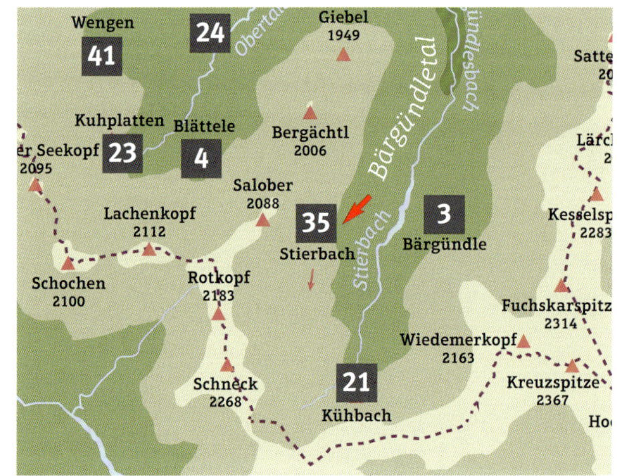

Die Weiden der Alpe Stierbach liegen unterhalb des Giebelgrats und der in Richtung Süden angrenzenden Bergkette. Die aus der Vogelperspektive nahezu glatt erscheinenden Weideflächen werden aber von vielen Geländeeinschnitten durchzogen.

strecken sich die Grasflächen beinahe bis hinauf zu den dazwischen liegenden schroffen Klüften des Giebelgrats. Die Weiden der Alpe Stierbach reichen bis in Höhenlagen von rund 2000 Metern hinauf. Da die niedrigsten Weidegrenzen bei 1050 Metern beginnen, ist die Höhendifferenz bei den Weiden dieser Galtalpe extrem groß: Zwischen den niedrigstgelegenen Flächen und der höchsten Weidegrenze der Alpe Stierbach liegen immerhin fast 1000 Höhenmeter. Insgesamt umfassen die für das Vieh nutzbaren Lichtweiden der Alpe Stierbach 219 Hektar. Die Gesamtfläche der Alpe einschließlich der Alpe Kühbach ist mit 781 Hektar freilich wesentlich

Nach oben begrenzt schroffes und stark zerklüftetes Gelände die tiefgrünen Weiden der Alpe Stierbach. Im Süden ragt der markante Berggipfel des 2268 Meter hohen Schnecks zum Himmel.

größer. Der Chronist Ulrich Scholl hatte 1986 lakonisch notiert, dass der Küh- und Stierbachalpe zugehörige Fluren aus „wilden Oedungen" bestanden.

Auf den Bergwiesen der Alpe Stierbach weiden während der Alpsaison rund 270 Jungrinder – es ist die größte Herde aller Bad Hindelanger Alpen. 15 Landwirte schicken ihr Vieh zur Älpung auf den Berg hinauf. Die Alpsaison beginnt Anfang Juni auf den Vorweiden der auf circa 1350 Metern gelegenen Alpe Kühengeratsgund (bekannter als Engeratsgundalpe), deren Wiesen ober- und unterhalb der nahen Schwarzenberghütte liegen. Die Herde besteht aus zwei Teilen. Am Talfahrtstag, dem 4. Juli, werden die Jungrinder dann auf den Berg getrieben. Auf den Weiden der 1319 Meter hoch gelegenen Point-Hütte stößt später der zweite Teil der Herde nach der Vorweide auf der Alpe Blörcha in Vorderhindelang dazu.

Auf der Alpe Stierbach gibt es nur drei Hauptweideregionen. Dies hat den Vorteil, dass die Herde nicht ständig umziehen und den Einschlag wechseln muss. Zudem hat jede Parzelle eine relativ lange Weidezeit von bis zu drei Wochen. Von den übersichtlichen Alpflächen hat man eine fantastische Aussicht auf die Bergkette des Bärgündletals und auf den Hochvogel. Auf den Hochlagen unter den Gipfeln und steil abfallenden Bergkämmen ist allerdings Vorsicht geboten. Wenn es abends dunkelt – aber auch bei Unwettern – wird das Vieh von den nicht ungefährlichen schroffen Hängen herabgetrieben. Am Ende der Saison wird die Herde wieder aufgeteilt. Ein Teil der Tiere zieht zum Viehscheid talwärts. Der zweite Teil der Herde wird zur Nachweide auf die nördlich angrenzende Alpe Kühengeratsgund im Hintersteiner Tal getrieben. Wenn der erste Schnee auf den Wiesen liegen bleibt, wird es auch für diese Jungrinder Zeit für das Winterquartier im heimatlichen Stall.

Die Alpe Stierbach kommt ohne einen zentralen Alphof aus. Auf rund 1300 Höhenmetern liegen die Hauptweiden um die Stierbach-Hütte Point. Die Bewirtschaftung der höheren Weideflächen erfolgt um die Hütten Klammen (auf 1620 Metern Höhe), die Ochsenalp (1730 Meter) und Feldalp (1746 Meter). Mit der Alpe Saustieg (1180 Meter) verfügt die Alpe Stierbach zudem über eine tief gelegene Hütte. Ein vor wenigen Jahren angelegter Wirtschaftsweg erleichtert den Zugang zur Alpe Stierbach und so die Bewirtschaftung des gesamten Geländes.

Die auf 1730 Metern erbaute Ochsenalp ist eine von drei hoch gelegenen Hütten der Alpe Stierbach.

Mitten in der Wetterküche nahe der Point-Hütte werden Rinder der Alpe Stierbach zur Seite getrieben, damit eine Herde der Alpe Kühbach entlang des Stierbachs in Richtung Süden zu ihren dortigen Weidegründen passieren kann.

Weite Wege von der Vorweide bis auf die hochalpinen Wiesen unter dem Schneck

21 KÜHBACH

Wie die Alpe Stierbach war auch die Alpe Kühbach ein Teil der 1361 erstmalig urkundlich erwähnten Bachalpe. Sie wurden einst gemeinsam bewirtschaftet und sind bis heute unter einer einzigen, gemeinsamen Flurnummer im Kataster eingetragen. Die Alpen Kühbach und Stierbach verfügen mit insgesamt fast 800 Hektar über die größte topografisch zusammenhängende Alpweidefläche in Bayern. Auch wenn diese zwei „Bachalpen" historisch betrachtet eine Einheit bilden und von derselben Hirtenfamilie betreut werden, wird die Alpe Stierbach heute ebenso eigenständig betrieben wie die Alpe Kühbach, die nunmehr jedoch gemeinsam mit der vormals eigenständigen Alpe Bärgündle bewirtschaftet wird. Alle drei genannten Alpen wurden im Jahr 1911 offiziell anerkannt.

Rund 200 Stück Jungvieh und ein paar Milchkühe nutzen im Sommer die knapp 117 Hektar Lichtweiden der Alpe Kühbach, deren Anteil an der Gesamtfläche an der unter der gemeinsamen Flurnummer aufgeführten ehemaligen Küh- und Stierbachalpe 390 Hektar einnimmt. Die Niedrigweiden der beiden Alpen Hinterbach-Hof und Blörcha dienen der Alpe Kühbach heute als Vorweide. Erst nach dem Talfahrtstag am 4. Juli wird das Vieh zur Alpe Bärgündle hinaufgetrieben: Die über dem Waldgürtel befindlichen Flächen um die bei 1470 Höhenmetern gelegene Bärgündlealpe mit Namen Alp (auch Oberes Bärgündle genannt) sind eine der zwei Hauptweideregionen im Weidezyklus der Alpe Kühbach. Diese Wiesen unter dem auf 1845 Metern Höhe 1880 errichteten Prinz-Luitpold-Haus – heute eine Schutzhütte der DAV-Sektion Allgäu Immenstadt – liegen westlich der Gipfel des 2270 Meter hohen Glasfelderkopfs und des 2163 Meter hoch aufragenden Wiedemerkopfs.

Den zweiten und längeren Teil der Alpsaison weidet die Herde der Alpe Kühbach in jenem Hochtalkessel, der sich am südlichen Ende des Bärgündletals westlich bis zu den felsigen Regionen unter dem 2268 Meter hohen Gipfel des Schnecks erstreckt. Dort oben – unmittelbar entlang der deutsch-österreichischen Landesgrenze – reichen die Weiden der Alpe Kühbach bis in Höhenlagen von rund 2000 Metern. Diese hoch-

Alpname:	Kühbach
Alptyp:	Galtalpe
Erste urkundliche Erwähnung:	1361
Jahr der Alpanerkennung:	1911
Lage:	Kessel am Endes des Bärgündletals
Vorweiden:	Hinterbach-Hof, Alpe Blörcha
Eigentümer/Bewirtschafter:	Alpgenossenschaft Kühbach
Alpmeister/Oberalpmeister:	Thomas Schmid/Leonhard Bellot
Hirte:	Markus Scheidle
Hirte verantwortlich seit:	2013
Weiteres Personal:	Kleinhirten, Tagwerker der Hintersteiner Galtalpen
Höhenlage der Weiden:	1050 bis 2000 Meter
Nutzbare Lichtweide:	117 Hektar
Gesamte Alpfläche:	390 Hektar
Jungvieh:	195 Stück
Milchkühe:	2 Stück
Viehscheid:	Teilnahme am Großen Viehscheid mit Zugschellen und Kranz
Besonderheiten:	Die Alpe Kühbach wird mit der Alpe Bärgündle bewirtschaftet.

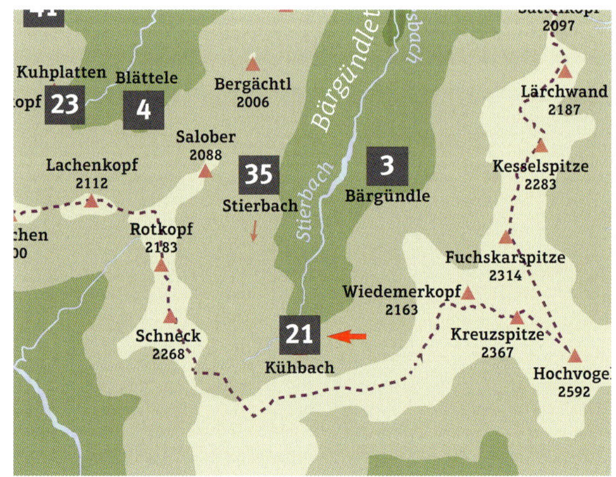

alpinen Weiden sind meist ziemlich trocken und ohne viel minderwertiges Borstgras. Die nutzbaren Weideareale der Alpe Kühbach werden jedoch durch Erosion und Felsrutsche stetig weiter verkleinert. Bei steigenden Temperaturen breitet sich zudem Unkraut rasant auf den dortigen Bergwiesen aus. Im felsigen Alpgelände verunglücken hin und wieder Rinder. Viehunfälle durch Absturz, Beinbruch oder auch Blitzeinschlag sind auf dem extremen Gebiet der Alpe Kühbach nicht eben

Unter dem ebenso massigen wie markanten Gipfel des Schnecks sehen die auf 1688 Metern Höhe errichtete Schönberg-Hütte und die vor diesem Alpgebäude weidenden Jungrinder der Galtalpe Kühbach beinahe wie die Spielzeuge eines Riesen aus.

Die Weiden der Alpe Kühbach erstrecken sich auf der sogenannten Zwerchwand unter dem 2268 Meter hohen Gipfel des markanten Schnecks bis in hochalpine Regionen in Höhen von rund 2000 Metern.

selten. Dort hat sich im Jahr 1922 sogar der bislang verlustreichste Unfall auf dem Gemeindegebiet von Bad Hindelang ereignet: Damals hatten noch Schafe die hoch gelegenen, für die Rinder zu steilen und damit zu gefährlichen Flächen beweidet. Im September jenen Jahres wurde dort eine Herde mit 500 Schafen eingeschneit. Ein Lawinenabgang verschüttete und tötete 72 Tiere.

Wie die Alpe Stierbach wird auch die Alpe Kühbach ohne einen Alphof bewirtschaftet. Zu dieser Alpe gehört nur die auf lediglich 1068 Höhenmetern gelegene Alphütte Fuß am nordöstlichen Hang unter dem Gipfel des Giebels, die zuletzt im Jahr 2017 um ein Nebengebäude erweitert wurde. Auf 1688 Metern Höhe wurde die Kühbachalpe Schönberg-Hütte (auch: Schiene-Berg) errichtet.

Heute weiden auf der Galtalpe Kühbach ausschließlich Jungrinder. Die Herde setzt sich aus Braunvieh zusammen, zu dem sich zwei weitere Rinderrassen – einige Belgier sowie Tiroler Grauvieh – gesellen. Der Alpsommer endet mit einem großen Viehscheid, bei dem die Tiere von der Alpe Kühbach zurück ins Tal getrieben werden: Dies ist ein aufregendes Erlebnis für Einheimische wie für Touristen, die am Wegrand stehen, um sich das Spektakel aus der Nähe anzusehen. Für einen Teil der Kühbach-Herde geht es anschließend aber noch einmal bis Anfang Oktober zur Nachweide auf die Alpe Hinterbach-Hof. Der andere Teil der Herde wird in den heimischen Stall auf der Alpe Blörcha getrieben.

Eine Besonderheit der Alpe Kühbach sind die weiten Wege und die häufigen Umzüge. Von der Vorweide auf den Alpen Hinterbach-Hof und Blörcha sind es 18 Kilometer bis zum Giebelhaus am südlichen Ende des Hintersteiner Tals, danach noch weitere drei Kilometer bis zur rund 1450 Meter hoch gelegenen Alpe Bärgündle-Hof und von dort noch einmal zwei Kilometer bis zur Alpe Schönberg. Am Saisonende kehrt die Herde dann auf diesem weiten Weg zur Nachweide auf die Wiesen der Alpe Hinterbach-Hof bei Hinterstein und der Alpe Blörcha bei Vorderhindelang zurück.

Weite Aufzüge der Herde sind ein Merkmal der Alpsaison auf der Galtalpe Kühbach. Die niedrigsten Vorweiden der Alpe liegen nördlich über dem Ostrachtal beim Dorf Bad Hindelang und sind mehr als 20 Kilometer entfernt.

An Wasser mangelt es auf den Wiesen der Alpe Kühbach nicht, denn im hoch gelegenen Kessel des Bärgündletals verfangen sich häufig regenschwere Wolken.

Diese Weiden im Bärgündletal werden durch die Alpe Kühbach mitbewirtschaftet

3 BÄRGÜNDLE

1426 wurde die Alpe Bärgündle erstmals beurkundet, damals wie auch im Jahr 1579 unter der Bezeichnung „Berguntli". Die heutige Galtalpe erlangte im Jahr 1911 den offiziellen Alpstatus. Der Chronist Ulrich Scholl hat 1986 notiert, dass diese Alpe zeitweilig als Sennalpe bewirtschaftet worden sei. Untergebracht war die Sennerei damals im 1322 Meter hoch gelegenen Alphof der Alpe Bärgündle, der Unteren Bärgündlealpe. Dort verarbeitete ein Senn die Milch der Alpe zu Käse oder Butter. Mit einem Hornerschlitten transportierte man seinerzeit die frische Milch von der höher gelegenen (längst verfallenen) Melk über das Gras zur Verarbeitung talwärts. 60 Kühe wurden damals am Berg gemolken.

Die Untere Bärgündlealpe, ein gedrungen wirkender erdgeschossiger Bruchsteinbau mit kupfergedecktem Walmdach, der im Kern in der Zeit um 1830 entstand, steht längst auf der vom Bayerischen Landesamt für Denkmalpflege geführten Denkmalliste. Dieses Gebäude wurde zuletzt 1988/89 instand gesetzt. Auf der Unteren Bärgündlealpe wird heute nicht mehr gebuttert und gekäst, aber immerhin mit Butter und Käse bewirtet. Der dortige Brotzeitbetrieb ist einer der Bad Hindelanger Partner des Vereins Allgäuer Alpgenuss e.V. Allerdings ist diese Alphütte bis heute nur zu Fuß zu erreichen.

Alpname/Varianten:	Bärgündle, Bärgündele, Berggündlesalpe
Alptyp:	Galtalpe
Erste urkundliche Erwähnung:	1426
Jahr der Alpanerkennung:	1911
Lage:	westlich unter dem Prinz-Luitpold-Haus
Eigentümer:	Gutsverwaltung Hinterstein Stärker GbR
Bewirtschafter:	Alpgenossenschaft Kühbach
Alpmeister/Oberalpmeister:	Thomas Schmid/Leonhard Bellot
Hirte:	Markus Scheidle
Hirte verantwortlich seit:	2012
Weiteres Personal:	2 Kleinhirten, Tagwerker der Hintersteiner Galtalpen
Höhenlage der Weiden:	1100 bis 1850 Meter
Nutzbare Lichtweide:	56 Hektar
Gesamte Alpfläche:	486 Hektar
Vehbestand:	Die Alpe Bärgündle wird von der Alpe Kühbach mitbewirtschaftet.
Besonderheiten:	Untere Bärgündlealpe unter Denkmalschutz, Gastronomiebetrieb im Gebäude

Die Weideflächen der Alpe Bärgündle liegen im Kessel des Bärgündletals. Sie erstrecken sich dort südlich des Giebelhauses und unterhalb des Prinz-Luitpold-Hauses bis zu den Berghängen des 2163 Meter hohen Gipfels des Wiedemerkopfs. Die Berggrate entlang der 2314 Meter hohen Fuchskarspitze, des 2284 Meter hohen Kesselspitzes sowie des 2270 Meter hohen Glasfelderkopfs bilden hier eine natürliche Weidegrenze. Entlang dieser Gipfel und Bergkämme verläuft auch die Landesgrenze zwischen Deutschland und Österreich.

Weit unter dem Prinz-Luitpold-Haus – quasi unter der vom Bärgündletal bis zur DAV-Schutzhütte errichteten Materialbahn – steht auf 1476 Metern Höhe das Alpgebäude des Oberen Bärgündles, das auch einfach Alp genannt wird. Die

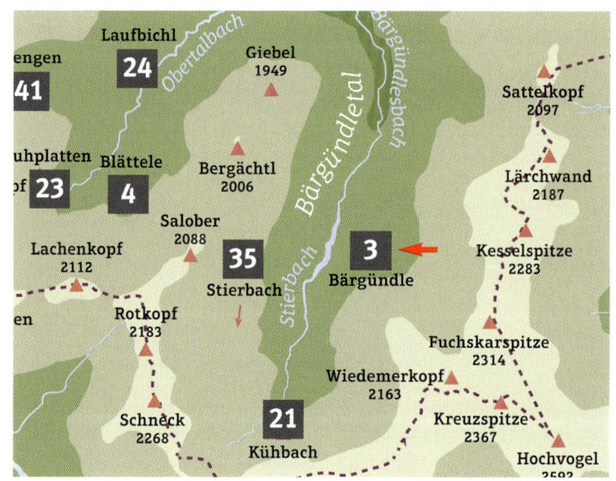

über dem Waldgürtel erbaute Hütte ersetzte im Jahr 2002 einen durch einen Lawinenabgang zerstörten Vorgängerbau von 1936, der hier wiederum anstelle einer früheren Alphütte aus der Prinzregentenzeit errichtet worden war.

Aufgelassen wurde dagegen die auf 1380 Höhenmetern erbaute Bärgündlealpe Kuhgehren, die als hoch gelegener Stall des Alphofs diente. Daran, dass die Bärgündlealpe auch das Recht zur Schafbeweidung besaß, erinnert die aufgelassene Hütte der auf 1460 Höhenmetern errichteten Alpe Schafhöf,

Der Blick auf die hochalpinen Bergwiesen der Alpe Bärgündle. Darüber ragt der Gipfel des Hochvogels zum Himmel, unter dem das Prinz-Luitpold-Haus auszumachen ist. Der hellgrüne ovale Fleck unterhalb der Schutzhütte sind die Wiesen der aufgelassenen Alpe Schafhöf, wo einst Schafe geälpt wurden. Wiederum unterhalb – leicht schräg nach rechts versetzt – ist direkt über dem Waldgürtel das rote Satteldach der Bärgündlehütte Alphof zu erkennen, die auf 1476 Metern Höhe errichtet wurde.

Die Untere Bärgündlealpe ist ein erdgeschossiger Bruchsteinbau mit kupfergedecktem Walmdach. Diese im Kern um 1830 errichtete Alpe steht heute auf der bayerischen Denkmalliste. Wo früher Senner Butter und Käse herstellten, werden heute die Gäste des Brotzeitbetriebs (auch) mit Butter und Käse bewirtet.

die hier zwischen zwei Geländebuckeln nahezu ins Erdreich eingegraben wurde. Auf der Alpe Schafhöf wurden früher den Sommer über Schafe aus Tirol geälpt.

Schafe werden auf der Alpe Bärgündle nicht mehr gehütet, und auch die heutige Galtalpe wird längst von der benachbarten Alpe Kühbach aus mitbewirtschaftet. Im Weidezyklus der Alpe Kühbach folgen die Bergwiesen der Bärgündlealpe auf die Vorweide der nah beim Dorf Hinterstein gelegenen Alpe Hinterbach-Hof. Dabei wird eine Herde mit rund 200 Jungrindern gesömmert, die am 4. Juli, dem Ulrichstag – dem „Nationalfeiertag" des Hochstifts Augsburg, der in Österreich übrigens sogar „Alpensegentag" heißt –, zum Giebelhaus und von dort auf die Weideflächen der Alpe Bärgündle ziehen. Später in der Alpsaison geht es noch einmal zwei Kilometer weiter bis zur 1688 Meter hoch gelegenen Schönberg-Hütte, die bereits zur Alpe Kühbach gehört.

Die Weidequalität der Wiesen auf der Bärgündlealpe wird als gut beschrieben: Die Ursache dafür ist, dass die Herde jeden Abschnitt nur ein einziges Mal beweidet. Somit können sich die Jährlinge überall über frisches Gras freuen.

Der Hirte Markus Scheidle und seine Herde in der Wetterküche. Bei der aufgelassenen Bärgündlealpe Schafhöf auf dem Plateau der Schafhöf-Weiden unterhalb des Prinz-Luitpold-Hauses stauen sich Regenwolken und Dunst. Am rechten Bildrand ist das Blechdach der aufgelassenen Hütte auszumachen.

Die Alpe Bärgündle war früher ein Sennberg, die Untere Bärgündlealpe beherbergte eine Sennerei. Die Milch wurde damals mit dem Hornerschlitten von der Melk am Berg heruntergeholt. Auch heute noch kommen solche Schlitten für den Materialtransport am Berg zum Einsatz. Im Hintergrund links ist das rote Blechdach der Hütte Schönberg zu erkennen.

FÜNF ALPEN IM OBERTAL

Das Obertal ist mit seinen nur wenigen Kilometern Länge relativ kurz und wirkt darum offen und überschaubar. Beiderseits des Obertalbachs – im Osten unter dem Giebelgrat, im Westen unter dem Koblat, den verkarsteten Hochflächen zwischen dem 2172 Meter hohen Gratkopf im Norden und der östlichen Flanke des 2207 Meter hohen Wengenkopfs im Süden – liegen fünf hochalpine Alpen. Vier dieser Alpen erreichen Weidehöhen von 2000 Metern und mehr, lediglich die Bergwiesen der Alpe Kuhplatten und Vorsäß reichen „nur" bis zu rund 1850 Höhenmeter hinauf. Auf dem Koblat und damit an den westlichsten Weidegründen der Alpe Laufbichl sowie der Alpe Stierengeratsgund liegen gleich drei Hochgebirgsseen: der kleine, 1806 Meter hoch gelegene Koblatsee, der größere (und auf 2017 Metern am höchsten gelegene) Laufbichlsee sowie auf 1876 Höhenmetern der größte – der Engeratsgundsee.

Selbst in den hochalpinen Lagen sind die Wiesen der Alpen im Obertal auf den steilen Grashängen zum Teil bis knapp unter die Berggipfel begrünt. Jede halbwegs nutzbare Fläche wird beweidet. Die Weidequalität der hier aneinandergrenzenden, in der Regel aber durch topografische Gegebenheiten wie Berggrate und Tobel klar voneinander abgegrenzten Alpflächen ist recht zufriedenstellend. Auch darum waren früher vier der fünf Alpen im Obertal Sennalpen. Übrig blieb nur eine einzige – die Alpe Laufbichl –, die heute sogar die größte Sennalpe Deutschlands ist. Drei der Alpen im Obertal – Engeratsgundalpe, Laufbichl und Blättele – werden während der Tourismussaison auch als Gastronomiebetriebe bewirtschaftet.

Unter dem Engeratsgundsee: eine Kuh- und Galtalpe mit zwei ehemaligen Sennereien

36 STIERENGERATSGUND

Die Weiden der Alpe Stierengeratsgund ziehen sich von rund 1150 Metern Höhe im Talboden des Obertals auf den nach Süden abfallenden Bergflanken des 1989 Meter hohen Hengst sowie des 2197 Meter hohen Kleinen Daumens bis in hochalpine Lagen von rund 2100 Höhenmeter. Die Einbettung in die Berge und Grate der Daumengruppe, die rund 1000 Meter messende Höhendifferenz sowie nicht zuletzt der 1876 Meter hoch liegende Engeratsgundsee mit den darüber liegenden steilen Seewänden machen Stierengeratsgund zu einer der spektakulärsten Alpen im Gemeindegebiet von Bad Hindelang.

Als „Narrenwang" wurde diese Alpe 1409 erstmals urkundlich erwähnt. Bei zwei Nennungen im 16. Jahrhundert wurde sie als „Engerharzgund" bezeichnet. Die reizvolle Lage dieser mehr als 300 Hektar großen Alpe weckte jahrhundertelang die Begehrlichkeiten prominenter Vorbesitzer: Die Alpe Stierengeratsgund gehörte beispielsweise den Fuggern, denen das Hochstift Augsburg als Eigentümer folgte, ehe dann – nach verschiedenen Vorbesitzern – das Haus Wittelsbach bis 1909 die gesamte Alpfläche mit ihren etwas mehr als 100 Hektar für die Viehhaltung nutzbaren Weiden übernahm. Die Gutsverwaltung des Hauses Wittelsbach veräußerte schließlich 2009 die seitdem von der Gutsverwaltung Hinterstein Stärker GbR betreute Alpe an einen Augsburger Industriellen.

Alpname/Varianten:	Stierengeratsgund, Engeratsgund
Alptyp:	Galtalpe
Erste urkundliche Erwähnung:	1409
Jahr der Alpanerkennung:	1911
Lage:	am Südhang von Hengst und Kleinem Daumen
Eigentümer/Bewirtschafter:	Gutsverwaltung Hinterstein Stärker GbR
Hirte:	Borgias Blanz
Hirte verantwortlich seit:	2018
Weiteres Personal:	1 Kleinhirte, weitere Hirten, Familienangehörige
Höhenlage der Weiden:	1150 bis 2100 Meter
Nutzbare Lichtweide:	102 Hektar
Gesamte Alpfläche:	315 Hektar
Jungvieh:	100 Stück
Milchkühe:	2 Stück
Viehscheid:	kleiner Viehscheid mit Kranzrind am Viehscheidplatz in Bad Hindelang
Besonderheiten:	Brotzeitbetrieb auf der Alpe Engeratsgund, See auf dem Alpgebiet

Die Alpe Stierengeratsgund war ursprünglich eine Galtalpe, dann eine gemischte Sennalpe und noch im Jahr 2017 sowohl eine Kuhalpe als auch eine Galtalpe. Doch seit 2018 wird hier erneut ausschließlich Jungvieh gesömmert – jährlich rund 100 Stück. Zwei Milchkühe werden nur noch deshalb auf der Alpe gemolken, um die Versorgung des Alppersonals und die Bewirtung der Gäste mit frischer Milch zu garantieren.

Davon, dass früher sehr wohl die Milch einer größeren Herde auf dieser ehemaligen Sennalpe zu Käse weiterverarbeitet wurde, zeugt die erhaltene Käserausstattung samt Sennküche und Käsekeller. Dass auf der Alpe Stierengeratsgund bis 1960 sogar zwei Sennereien kästen, zählte zu den Besonderheiten

Die Weiden der Alpe Stierengeratsgund erheben sich teils bis zu gut 200 Meter höher als der namensgebende, 1876 Meter hoch gelegene Engeratsgundsee. Über dem Hochgebirgssee ragt der Gipfel des Kleinen Daumens 2197 Meter hoch zum Himmel – die höchsten Weiden reichen dennoch bis knapp unter die Spitze des Berges.

dieser Alpe. Eine Sennerei arbeitete in der auf 1154 Höhenmetern gelegenen Hofhütte – der Alpe Engeratsgund – im Obertal, die nach dem Kauf durch die Wittelsbacher 1898 errichtet worden sein soll.

Als zweite Sennerei wurde die 1401 Meter hoch gelegene Stierengeratsgundalpe Käser bewirtschaftet. Gekäst wurde jeweils in der Sennküche mit dem kürzesten Weg zur Herde der Milchkühe. Die Milch der Kühe, die oberhalb der Alpe Käser weideten, musste deshalb in Kannen auf dem Hornerschlitten bis zur dortigen Sennerei über das Gras hinuntergezogen werden. Diese Plackerei war bei den Älplern als einer der anstrengendsten „Milchzüge" Hindelangs gefürchtet. Während der Zeit als Kuhalpe war Mitte der 1950er-Jahre

Rund 250 Meter höher als der Alphof im Obertal steht die Alpe Käser: In dieser einstigen Sennerei wird jetzt gemolken.

eine „Milch-Pipeline" als damals moderner Transportweg von der Alpe Käser bis zum 250 Meter tiefer gelegenen Engeratsgundhof, der Hofhütte von Stierengeratsgund, verlegt worden. Die Alpe Stierengeratsgund war die letzte Bad Hindelanger Alpe gewesen, die diese einfache, aber effiziente Transporttechnik nutzte. Um das Erwärmen der Milch zu verhindern, hatte man die Leitung tief im Boden verlegt. Nach dem Melken auf der Käseralpe wurde am Milchkessel ein Ventil

Die Alpe Engeratsgund beherbergte früher eine Sennerei. Heute werden auf dieser 1156 Meter hoch gelegenen Alpe während des Alpsommers Bergwanderer bewirtet.

Die komfortabel ausgebaute Alphütte Gündle liegt schon im Schatten, wenn das letzte Sonnenlicht den 2592 Meter hohen Hochvogel streift.

In den höheren Lagen der Alpe Stierengeratsgund weiden Jungrinder: Galtvieh macht den weitaus größten Teil der hier geälpten Herde aus.

geöffnet, sodass die Milch durch die Pipeline bergab in das Auffangbassin in der Hofhütte abfließen konnte. Die dort gesammelte Milch wurde alle zwei Tage vom Milchwerk abgeholt. Um zu vermeiden, dass die Rückstände der Milch in der Pipeline zu Hygienemängeln führten, wurde die Milchleitung in der restlichen Zeit des Tages als Wasserleitung zum Hof der Alpe Stierengeratsgund genutzt und dadurch ständig durchgespült. Wasser sparen musste man ja nicht – denn davon gab und gibt es es auf der Käseralpe mehr als genug.

Für die Rinder beginnt die Weidesaison Anfang Juni, sie dauert bis Mitte September. Der Alpsommer endet mit einem kleinen Viehscheid am Viehscheidplatz in Bad Hindelang. Ist die Alpsaison für Mensch und Tier unfallfrei verlaufen, führt auch

Die sogenannten Seewände über dem Engeratsgundsee reichen mit ihren hochalpinen Weideflächen bis auf etwa 2090 Höhenmeter hinauf. Der fischreiche Hochgebirgssee dient den Rindern auf der Weide um die dortige Stierengeratsgundalpe Seehütte nicht mehr als Tränke: Um seine Wasserqualität zu erhalten, hat man den Engeratsgundsee nämlich mit Weidezäunen eingehagt.

hier ein Kranzrind die Herde beim Abtrieb ins Tal an. Sind die letzten Ausläufer des Sommers allerdings besonders nass und kalt, müssen die Milchkühe von ihren Besitzern direkt am Alphof im Obertal abgeholt werden. Der Viehbestand der Alpe Stierengeratsgund besteht übrigens hauptsächlich aus Braunvieh, doch hin und wieder mischt sich eine andere Kuhrasse unter die Herde.

Das Alpgebiet ist in den Höhenlagen zwischen dem Stierengeratsgundhof im Talgrund und den obersten Bergwiesen am Falkenköpfle (Auf dem Falken) von unten nach oben in die Weideabschnitte Halde, Käser-Nacht-Weide, Käserer Hof, Waal, Gündle, Seelache und See unterteilt. Um die ausgedehnten Flächen der Alpe Stierengeratsgund zu bewirtschaften, hat man dort noch zwei weitere Alpgebäude errichtet.

Auf 1622 Höhenmetern steht seit 1990 die in Holzbauweise errichtete Hirtenhütte Gündle. Sie hatte damals eine mit Felssteinmauerwerk erbaute Alphütte mit Stall ersetzt. Auf 1880 Metern Höhe, direkt am Ufer des Engeratsgundsees, hat man außerdem mit der aus Felssteinen gemauerten Seehütte eine schlichte, notdürftig eingerichtete Unterkunft für die Hirten

Während Camper ihre Zelte am See aufschlagen, quert eine Gemse die Weide über der Seehütte. Bergseen ziehen Camper magisch an. Doch an solchen Gewässern im Naturschutzgebiet Allgäuer Hochalpen ist das Zelten strengstens untersagt.

ausgebaut. 150 Meter von der kargen Schutzhütte entfernt soll noch 2018 eine neue Hirtenhütte entstehen. Der schon im 19. Jahrhundert mit Felsstein erbaute Stall dieser Seehütte war bereits 1986 renoviert worden – er soll erhalten bleiben.

Die Seehütte am Engeratsgundsee – eine Schutzhütte der Hirten auf 1880 Metern Höhe – diente früher als Notunterkunft. Mit Alpenromantik oder gar Luxus war es in dieser schlichten (2018 durch einen Neubau ersetzten) Hütte nicht sehr weit her.

Auf der größten Sennalpe Deutschlands werden auch Schweine und Ziegen geälpt

24 LAUFBICHL

Gemessen an ihrer Fläche ist die Alpe Laufbichl die größte Sennalpe Deutschlands. Rund 380 Hektar Alpfläche erstrecken sich um den Alphof über dem Obertal, etwas mehr als die Hälfte dieses ausgedehnten Gebiets dient Milchkühen, aber auch Jungrindern als Sommerweide. Rund 60 der geälpten Kühe werden hier gemolken.

Sennalpen sind auch im Allgäu selten geworden. In der Regel wird die Milch, soweit sie nicht der Selbstversorgung dient, an ein Milchwerk abgegeben. Auf der Alpe Laufbichl wird dagegen neben Butter allgäutypischer Alpkäse produziert. Der Käse und die Butter werden nicht nur den Gästen im Gastronomiebetrieb der Alpe Laufbichl angeboten, sondern auch an einen Käseladen in Bad Hindelang sowie an einen Käseladen in Bad Oberdorf geliefert.

Alpname/Varianten:	Laufbichl, Laufbichel, Laufbühl
Alptyp:	Sennalpe, Galtalpe
Erste urkundliche Erwähnung:	1424
Jahr der Alpanerkennung:	1911
Lage:	zwischen dem Talboden und dem Koblat
Eigentümer/Bewirtschafter:	Alpgenossenschaft Laufbichl
Alpmeister:	Matthäus Karg
Hirten:	Peter Moser, Martin Schratt
Senn:	Martin Rinderle
Senn verantwortlich seit:	2012
Weiteres Personal:	Tagwerker, Kleinhirten
Höhenlage der Weiden:	1150 bis 2150 Meter
Nutzbare Lichtweide:	200 Hektar
Gesamte Alpfläche:	380 Hektar
Jungvieh:	47 Stück
Milchkühe:	61 Stück
Weitere Tiere:	30 Schweine, 20 Ziegen
Viehscheid:	eigener Scheid mit Milchkühen auf einer Wiese in Bad Oberdorf, zudem separater Scheid mit Jungvieh am Gruebplätzle in Bad Oberdorf
Besonderheiten:	Brotzeitbetrieb, denkmalgeschütztes Alpgebäude, Sennalpe mit Milchseilbahn

Als „Alb am Lohbühel" wurde die Alpe Laufbichl 1424 erstmals urkundlich belegt. Damals war der Alphof eine Galtalpe, die im Besitz des Hochstifts Augsburg war. Die Umstellung auf eine Sennalpe erfolgte erst im Jahr 1852. Seinerzeit wurde der Alphof vergrößert und ausgebaut. Denn zu einer Sennerei auf der Alpe gehören naturgemäß nicht nur ein Melkstall, sondern auch eine Sennküche sowie nicht zuletzt ein Käsekeller, in dem die Käselaibe wohltemperiert lagern und reifen.

Eine Besonderheit der Alpe Laufbichl – sowie eine erhebliche Arbeitserleichterung – ist die dortige Milchseilbahn. Morgens wie abends befördert man damit die Milch von der Melk – von der auf rund 1500 Höhenmetern erbauten Laufbichlalpe Langenfeld – zum Käsen in den auf rund 1200 Meter hoch gelegenen Alphof hinunter. Der Laufbichl-Hof liegt unwesentlich über den niedrigsten Beweidungsgrenzen dieser Alpe, die auf 1150 Höhenmetern am parallel zum Obertalbach ausgebauten Wirtschaftsweg – dem „Sausteig" – beginnen.

Bei und vor allem über dem denkmalgeschützten Hof der Alpe Laufbichl erstrecken sich die Weidegründe bis zu den Flächen

Knapp unterhalb des Koblats – bei der sogenannten Laufbichlkirche – weidet heute ausschließlich Jungvieh. Früher trieb man sogar Milchkühe bis in solche Höhenlagen. Die steilen Grasberge dieser Regionen sind für das Obertal typisch.

des Koblats, eines von Fels durchzogenen Weidegebiets unter dem Hindelanger Klettersteig. Westlich des dort sehr „steinreichen" Alpgeländes ragen die Gipfel des 2207 Meter hohen Östlichen Wengenkopfs und des 2172 Meter hohen Gratkopfs zum Himmel. Auf dem namensgebenden Koblat befindet sich der auf 1806 Metern Höhe gelegene kleine Koblatsee. Unweit davon liegt auf 2012 Höhenmetern – am östlichen Hang des

Die hochalpinen Weiden der Alpe Laufbichl erstrecken sich bis in Lagen von mehr als 2150 Metern hinauf.

Der denkmalgeschützte Alphof der Alpe Laufbichl liegt an ihren niedrigsten Weidegrenzen auf nur rund 1200 Metern Höhe. Die Jungrinder im Vordergrund weiden allerdings auf einer angrenzenden Vorweide der Alpe Blättele.

Gratkopfs – der größere Laufbichlsee. Die Weidegründe der Alpe Laufbichl reichen hier in hochalpine Lagen von bis zu 2150 Metern hinauf. Das Vieh weidet hier unter anderem bei der 2042 Meter hohen Laufbichlkirche, einem der spektakulärsten Steilgrasberge des Allgäus, sowie westlich davon auf

Die Alpe Langenfeld liegt fast 300 Meter höher als der nahe dem Talboden erbaute Alphof Laufbichl.

Die Milchseilbahn der Alpe Laufbichl befördert die Kannen voller frisch gemolkener Milch von der Melk hinunter zum Alphof.

dem immerhin auch noch 1970 Meter hohen Laufbichlsattel. Von den schwierigen Bedingungen auf derart hoch gelegenen Weiden bekommen die Brotzeitgäste der Alpe Laufbichl nichts mit. Noch bis 2017 musste der Hirte dort schon mal in einem Campingzelt übernachten, weil die auf 1740 Höhenmetern aufgelassene Koblathütte ebenso verfallen war wie die auf etwas mehr als 1640 Metern Höhe aufgegebene Alphütte Tannenhof. Erst im Jahr 2018 begann man auf der Alpe Laufbichl mit dem Bau einer neuen Koblathütte.

Die Milch von rund 60 Kühen wird in der Sennküche der Alpe Laufbichl zu Alpkäse verarbeitet.

Jahrelang war die Hirtenhütte der Alpe Laufbichl auf dem Koblat verfallen. Während der zwei Wochen dauernden Weidezeit auf der etwa 2000 Meter hoch gelegenen Fläche musste beispielsweise 2016 der Hirte Tom Karg im Zelt übernachten – was für Touristen strengstens verboten wäre.

Zehn Beschläger schicken ihr Vieh von Anfang Juni bis Mitte September auf die Alpe Laufbichl. Neben den Milchkühen weiden hier während der Alpsaison zusätzlich knapp 50 Jungrinder – bevorzugt Braunvieh mit Horn – auf den Bergwiesen. Die meisten Tiere stammen aus Bad Oberdorf: Von dort aus treiben Landwirte ihr Vieh noch ganz traditionell zu Fuß bis in das Obertal. Die Herde ist dann kaum zu überhören: Ausgestattet mit Zugglocken und -schellen ziehen die Rinder auf den Berg. Der Unterschied zwischen Glocke und Schelle ist übrigens nicht nur der Laut – die Glocke klingt im Vergleich zur blechernen Schelle heller –, sondern auch die Machart. Denn während Glocken aus einem Guss hergestellt werden, sind Schellen aus einem Stück Blech geformt, das verschweißt oder vernietet wird.

Auf der Alpe trennen sich die Wege der Rinder. Die Milchkühe grasen in der Nähe des Melkstalls. Dort ist das Gelände nicht so extrem wie in den höheren Lagen und damit die Gefahr von Unfällen geringer. Auch die Weidequalität ist auf diesen Flächen gut. Auf den dortigen Wiesen gedeihen viele Milch-

Die Weiden der Alpe reichen bis zum Laufbichlsee hinauf: Sie sind, so schrieb ein Bergsteigermagazin, „eine Mischung aus spektakulärer Steinwüste und blumenübersäter Grasmatte".

Um den winzigen, auf 1806 Metern Höhe am westlichen Rand der Weideflächen der Alpe Laufbichl gelegenen Koblatsee gedeiht fast nur noch Wollgras – ein Sauergrasgewächs, das bis in Höhenlagen um 2000 Meter verbreitet ist.

kräuter wie zum Beispiel der Alpenwegerich (im Oberallgäu auch Madaun genannt) und die Alpen-Mutterwurz (Ritz). Mäßige Temperaturen und sanfte Niederschläge begünstigen eine junge, frische und dadurch milchbringende Weide. In der Sommerhitze verschlechtert sich die Grasqualität jedoch, was letztlich auch die Milchleistung der Kühe reduziert. Das Jungvieh ist geländetauglicher und beweidet darum die höheren, wenn auch kargeren Bergwiesen der Alpe Laufbichl.

Am Ende der Saison erfolgt der Abtrieb ins Tal. Die Milchkühe werden bei einem internen Viehscheid in Bad Oberdorf an die Landwirte zurückgegeben. Für diesen Anlass werden die Tiere mit Zugschellen und mit Kränzen geschmückt. Die Jährlinge dürfen die frische Bergluft noch eine Woche länger genießen.

Rund 60 Milchkühe werden auf der Alpe Langenfeld, der auf rund 1500 Metern Höhe errichteten Melk der Sennalpe Laufbichl, in der Alpsaison gemolken.

Wie auf Sennalpen üblich, wird auch auf der Alpe Laufbichl eine Schweineherde gehalten. Das Borstenvieh verwertet die Molke – ein Restprodukt der Käseherstellung – als Futter.

Ihr Scheid findet schließlich am Gruebplätzle – ebenfalls im Hindelanger Ortsteil Bad Oberdorf – statt.

Neben Milchkühen und Jungrindern tummeln sich auf der Senn- und Galtalpe Laufbichl auch noch etwa 30 Schweine und 20 Ziegen. Während die Molke – das Abfallprodukt der Sennerei – an das Borstenvieh verfüttert und damit sinnvoll verwertet wird, helfen die Ziegen den Hirten insbesondere bei der lästigen Schwendarbeit. Denn diese Tiere fressen allerhand Unkraut und aufkommendes Buschwerk nieder. Die trittsicheren Ziegen haben zudem den Vorteil, dass sie auch an den schwer zugänglichen steilen Stellen weiden.

Die Alpe Laufbichl ist aufgrund ihrer attraktiven Lage – sie ist leicht zu erreichen und bietet eine weite Aussicht über die schroffen Hänge der Grasberge im Obertal – sowie wegen des Brotzeitbetriebs ein beliebtes Ziel für Ausflugsgäste und Bergwanderer. Alpkäse und frische Alpbutter – hergestellt in der Sennküche der Alpe – können Besucher natürlich auch kaufen und mitnehmen.

Die Bad Hindelanger Alpe mit den am höchsten gelegenen Weideflächen

41 WENGEN

Auf dem Gemeindegebiet von Bad Hindelang verfügt die Alpe Wengen über die höchstgelegenen Weideflächen. Bis auf 2100 Meter und mehr reicht ihr Alpgelände auf die südlichen Hänge des Nebelhorns sowie entlang des Hindelanger Klettersteigs im Obertal hinauf. Die Alpe Wengen wurde 1447 erstmalig urkundlich erwähnt und 1506 erneut – im Zusammenhang mit dem Verkauf von „16 Rinderweid" aus dem Besitz des Fürststifts Kempten – genannt. Wie viele andere Allgäuer Alpen erlangte auch Wengen 1911 den offiziellen Alpstatus.

Als Ulrich Scholl 1986 seine Chronik des Ostrachtals herausgab, bezeichnete er die Alpe noch mit dem Namen „Wengen mit Alpe Bäch". Damit verwies Scholl auf die 1531 erstmals erwähnte, auf 1401 Höhenmetern am Wengenbach gelegene Hütte der Wengenalpe Bäch. Sie ist eine von drei weiteren Alpen oberhalb des auf 1288 Metern gelegenen Alphofs, der zum Beispiel in Wanderkarten auch Untere Wengen-Alpe genannt wird. Auf 1680 Metern Höhe steht seit der Zeit um 1900 die Wengenalpe Doismen. Die frühere Hirtenhütte wurde 1969/70 teilzerstört, 1993 wurde dort eine völlig neue Hütte mit Wohn- und Stalltrakt errichtet. Die Wengenalpe namens Alp (sie wird auch als Obere Wengen-Alpe bezeichnet) steht über dem Waldgürtel – unter dem Aufstieg hoch zum Sattel des Nebelhorns – auf einer Höhe von 1831 Metern.

Zur Wengenalpe gehört seit 2014 auch die höchstgelegene Alphütte auf dem Gemeindegebiet von Bad Hindelang: Damals wurde die Koblathütte unter dem Östlichen Wengenkopf aufgestellt. Der kleine, aus Holz errichtete Satteldachbau unweit des Hindelanger Klettersteigs liegt unterhalb des 2207 Meter hohen Östlichen Wengenkopfs auf rund 2000 Höhenmetern.

Eine Zeit lang wurde die heutige Galtalpe Wengen als Sennalpe betrieben. Bis Mitte der 1960er-Jahre hat man noch auf dem Berg gekäst. Für den Sennereibetrieb wurde die Käserausstattung inklusive der Käsekessel zu Beginn des Sommers vom Alphof bis zur Wengenalpe Alp hinauftransportiert. Der

Alpname:	Wengen
Alptyp:	Galtalpe
Erste urkundliche Erwähnung:	1447
Jahr der Alpanerkennung:	1911
Lage:	südlich unterhalb des Nebelhorns am Hindelanger Klettersteig
Eigentümer:	Alpgenossenschaft Wengen
Alpmeister:	Konrad Kappeler
Hirte:	Harald Gmeinder
Hirte verantwortlich seit:	1993
Weiteres Personal:	2 Kleinhirten, Tagwerker, Familienangehörige
Höhenlage der Weiden:	1200 bis 2100 Meter
Nutzbare Lichtweide:	188 Hektar
Gesamte Alpfläche:	345 Hektar
Jungvieh:	160 Stück
Milchkühe:	1 Stück
Weitere Tiere:	1 Pferd
Viehscheid:	Teilnahme an kleinem Viehscheid mit Zugschellen und Kranz
Besonderheiten:	höchstgelegene Hirtenhütte in Bad Hindelang, höchstgelegene Weidegründe, Aussicht vom Koblat

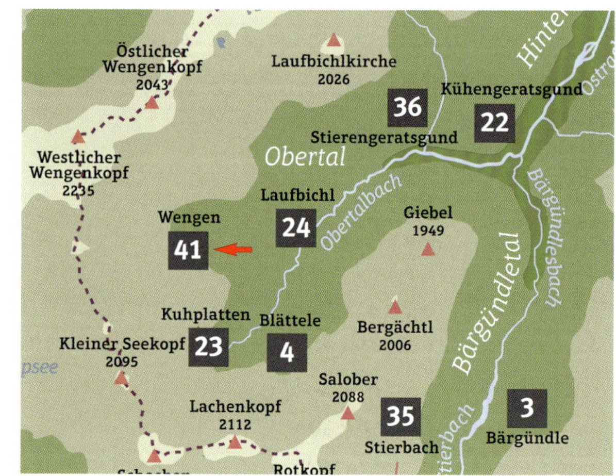

Die linke Bildhälfte dieser Luftaufnahme zeigt das Weidegebiet der Alpe Wengen. Die rechte Bildhälfte lässt auch das Areal der benachbarten Alpe Laufbichl erkennen. Auf den Steilhängen im Obertal weiden Jungrinder jeweils bis in hochalpine Regionen von 2000 Metern und mehr.

Stall der Alpe Alp war wegen der vielen dort eingestellten Milchkühe mit 51 Metern Länge die ausgedehnteste Anlage dieser Art im Gemeindegebiet. Als dort 2006 ein neues Alpgebäude entstand, wurden die Fundamente eingeebnet.

Die Milch wurde wie üblich mithilfe von Hornerschlitten von jeweils höher gelegenen Melkställen zu den Sennereien hinabgezogen. Derartige „Milchzüge" gab es auch auf der Alpe Wengen. Die Milch der Kühe ihrer beiden Alpen Bäch und Doismen wurde zum Käsen zum mehr als 100 respektive sogar 380 Meter tiefer liegenden Alphof hinuntergebracht. Heute wird die Alpe Wengen als Galtalpe – also ausschließlich mit Jungviehhaltung – bewirtschaftet. 15 Beschläger aus dem Oberallgäu sowie aus dem Ostallgäu schicken ihre Rinder zur Älpung den Sommer über auf den Berg. In der Regel verbringen ungefähr 160 Tiere – überwiegend Braunvieh – die Saison auf den 188 Hektar großen Nutzweiden der Alpe.

Die Weidesaison beginnt auch auf der Alpe Wengen Mitte Juni, dort allerdings ohne jede Vorweide. Die Tiere werden von

Spektakuläre Lage: Die Wengenalpe Doismen steht auf einem kleinen Plateau vor den Nordhängen eines weiten Hochtalkessels.

den Landwirten direkt an das Kerker-Gelände in der Nähe des Laufbichl-Hofs geliefert. Deswegen zieht der Viehbestand der Alpe Wengen schon früher in die Hochlagen hinauf, als das auf anderen Bad Hindelanger Alpen der Fall ist.

Auf bis zu 2100 Höhenmetern liegen die höchsten Weidegründe am Koblat. Das Alpgelände ist in den höchstgelegenen Regionen nicht immer einfach. Unter allen Alpen auf dem Gemeindegebiet von Bad Hindelang ist die Alpe Wengen eine der schwierigsten: Die Flächen sind steinig, dazu kommen die Höhenlage und der Nebel – nicht umsonst heißt das Alpgebiet „Nebelhorn". Solche hochalpinen Bedingungen können für Mensch und Tier äußerst gefährlich werden. Der Hirte muss erfahren sein, denn die Tiere sind bei schlechtem Wetter nur schwer aufzufinden, wenn sie sich unter Bäumen vor der Witterung schützen. Für das Vieh erhöht sich bei schlechten Sichtverhältnissen die Gefahr, den Anschluss an die Herde zu verlieren. Bei Nässe oder feuchten Böden kommt im steilen Gelände die nicht unerhebliche Absturzgefahr hinzu. Auch der harte Boden führt hin und wieder zu Verletzungen, die ein routinierter Hirte jedoch selbst behandeln kann. Auf der Alpe Wengen wird nur eine Milchkuh gehalten. Sie dient auch hier allein dazu, den Hirten mit Frischmilch und Butter sowie mit dem aus der Molke hergestellten Frischkäse zu versorgen.

Die Höhendifferenz der Weiden hat aber auch Vorteile. Durch das abschnittsweise Hochziehen grasen die Rinder stets auf frischen Weiden. Generell wandert man dabei mit dem Viehbestand von unten nach oben und folgt so dem Vegetationswachstum. In den niedrigeren Lagen wächst das Gras naturgemäß früher als in den Hochlagen. Auf den höchstgelegenen Weiden der Alpe Wengen bietet sich an den klaren Tagen eine weite Aussicht auf die Gipfel des Hintersteiner Tals, des Bärgündletals und des Lechtals. Sie alle überragt der beinahe 2600 Meter hohe Hochvogel, der „König des Allgäus".

Der Alpsaison endet im September traditionell mit einem kleinen Viehscheid sowie mit zwei Kranzrindern, wenn der Sommer unfallfrei verlaufen ist. Darüber hinaus wird das Ende des Alpsommers aber nur im kleinen Rahmen eingeläutet. Mehr als 300 Hektar Alpfläche bereiten bis dahin viel Arbeit. Seit einem Vierteljahrhundert ist Alpmeister Konrad Kappeler dafür verantwortlich: Dieses Amt haben vor ihm sein Vater und sein Großvater ausgeübt. 25 Jahre lang ist bis 2018 auch der Hirte Harald Gmeinder der Wengenalpe treu geblieben.

Kappeler organisiert auch die zusätzlichen Helfer für die Auf- und Abzüge (die Weidewechsel), für Schwendarbeiten und Landschaftspflegemaßnahmen. Die Grundversorgung der abgeschieden gelegenen Hütten der Alpe Wengen erfolgt – wie so oft bei hochalpinen Alpen – mit einem Hubschrauber.

Spektakuläre Aussicht: Die Bergwiesen der Alpe Wengen auf dem Koblat sind die höchstgelegenen Weiden auf dem Gemeindegebiet von Bad Hindelang. Unter anderem bietet sich hier der Blick auf den Gipfel des 2592 Meter hoch aufragenden Hochvogels.

Das „Relikt“ einer seit 600 Jahren bekannten, ursprünglich weitaus größeren Alpe

23 KUHPLATTEN UND VORSÄß

Die Alpe Kuhplatten und Vorsäß dehnt sich bis in den Talkessel am südwestlichen Ende des Obertals aus. Den zweiten, jüngeren Namensbestandteil – Vorsäß – erhielt diese Galtalpe nach der dazugehörigen, tief gelegenen Vorsäß-Hütte. Der erste Teil des heutigen Doppelnamens – Kuhplatten – ist urkundlich erstmals 1426 mit der Bezeichnung „Platten" belegt. Damals war damit aber noch ein sehr viel größeres Areal gemeint: Zur historischen Alpe Platten gehörten auch die Flächen dreier weiterer, längst eigenständig bewirtschafteter Alpen – die der östlich benachbarten Alpe Blättele (auch Plättele oder Stierplatten) sowie die der südöstlich benachbarten „Bachalpen" im Bärgündletal: Denn auch die beiden Alpen Kühbach und Stierbach wurden erst später von der einst viel größeren Fläche der Alpe Platten abgetrennt.

Alpname/Varianten:	Kuhplatten und Vorsäß, Kuhblatten, Plattenalpe
Alptyp:	Galtalpe
Erste urkundliche Erwähnung:	1426
Jahr der Alpanerkennung:	1911
Lage:	zwischen der tief gelegenen Vorsäß-Hütte und den Haupweiden am südwestlichen Ende des Obertals
Vorweiden:	Alpe Heißeloch, Hinterbach-Hof
Eigentümer/Bewirtschafter:	Alpgenossenschaft Kuhplatten
Alpmeister:	Martin Blanz
Hirten:	Hubert Bellot, Martin Blanz
Hirte verantwortlich seit:	1989 (Hubert Bellot)
Weiteres Personal:	2 Kleinhirten, Tagwerker der Hintersteiner Galtalpen
Höhenlage der Weiden:	1130 bis 1850 Meter
Nutzbare Lichtweide:	161 Hektar
Gesamte Alpfläche:	321 Hektar
Jungvieh:	205 Stück
Milchkühe:	1 Stück
Weitere Tiere:	2 Esel
Viehscheid:	Teilnahme am Großen Viehscheid mit Zugschellen und Kranz
Besonderheiten:	Vorsäß weit von der Alpe Kuhplatten entfernt

Immerhin wurde auch das noch zusammengehörige Gebiet der historischen Alpe Platten bereits im Jahr 1490 insofern differenziert betrachtet, als (so der Chronist Ulrich Scholl) von einer „Ober- und Under-Plat" die Rede war. Zum Verwirrspiel um die heutige Alpe Kuhplatten und Vorsäß gehört aber auch, dass sie viel häufiger Kuhplatten oder Kuhblatten genannt wird – und dass sie den meisten ohnehin unter dem vermutlich eingängigeren Namen Plattenalpe bekannt sein dürfte.

Dass schließlich auch noch die namensgebende Vorsäß-Hütte im Talgrund des Obertals liegt, erschwert das Verständnis für die räumliche Zusammensetzung der Alpe Kuhplatten und Vorsäß noch mehr. Dieser Neubau der 1960er-Jahre mit Wohn- und Stallteil steht auf nur 1160 Metern Höhe am nordwestlichen Fuß des Giebels nah beim Giebelhaus. Die Kuhplattenalpe Vorsäß – eine 2010 erbaute Holzhütte mit Satteldach – liegt also weit von den Kuhplatten-Weiden am südlichen Ende des Obertals entfernt. Die zweite Hütte der Alpe Kuhplatten und Vorsäß – die Alpe Speicher (auch Spiecher) – steht auf 1491 Metern Höhe über dem Wengenwald östlich des 2085 Meter hohen Großen Seekopfs sowie des (um elf Meter höhe-

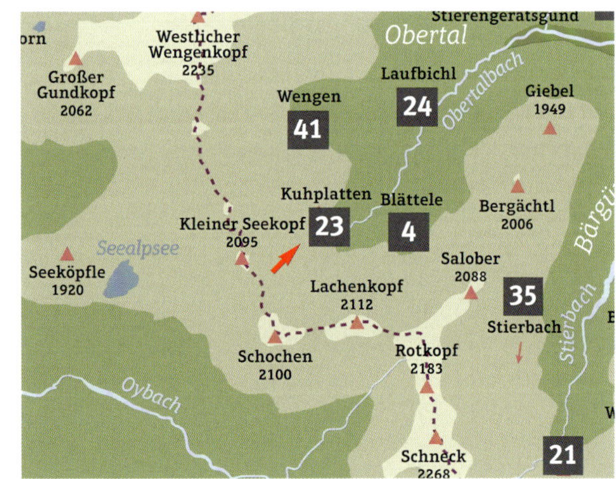

ren) Kleinen Seekopfs. Die dritte Hütte der Alpe Kuhplatten und Vorsäß heißt Breitengehren. Diese Alphütte auf einer Höhe von 1730 Metern ist ein Felssteinbau mit Stallteil und im Kern 120 Jahre alt. Er wurde jedoch nach dem Zweiten Weltkrieg weitgehend neu errichtet.

Die sattgrünen oberen Weiden der Alpe Kuhplatten und Vorsäß liegen in einem Talkessel – auf dem Kühblätt – zwischen dem 2100 Meter hohen Schochen und dem Lachenkopf (2112 Meter).

Zur Alpe gehören insgesamt mehr als 320 Hektar Alpfläche in Höhenlagen zwischen 1130 und 1850 Metern. Die Größe der für die Viehhaltung nutzbaren Weideflächen beträgt jedoch nur 161 Hektar. Die Eigentümerin ist die Alpgenossenschaft Kuhplatten. Nach heutigem Alprecht sind die Weidegründe seit dem Jahr 1911 offiziell als Alpe anerkannt.

Hubert Bellot (rechts), seit dem Jahr 1989 Meisterhirte auf der Alpe Kuhplatten und Vorsäß, hilft beim Aussuchen und Anlegen der Zugschellen am Tag vor dem Viehscheid.

Während der Sommersaison von Juni bis September kümmert sich der Hindelanger Hubert Bellot bereits seit 1989 als Hirte um die etwa 200 Jährlinge der Galtalpe. Als Vorweide dienen Wiesen der Alpe Heißeloch bei Unterjoch und der Alpe Hinterbach-Hof bei Hinterstein, wohin im Frühjahr auch das Vieh der Alpe Hasenegg zur Vorweide geschickt wird. Die Platten-Herde wird am Talfahrtstag am 4. Juli ins Obertal getrieben, wo die Sommerweiden „im Berg" bezogen werden.

Die erste Stafel – quasi das erste Stockwerk der Weiden – liegt noch im Tal bei der Vorsäß-Hütte. Von unten nach oben werden die Weiden abschnittsweise höher bezogen. Es folgen unter anderem die Einschläge Breitengehren, Falken, Koblat, Oberfeld und Älpele. Mit zunehmender Höhe nimmt die Weidequalität ab. Während das Gras in den tieferen Lagen noch jung und frisch ist, sind die Wiesen in den Hochlagen bereits „altgewachsen", was sich jedoch günstig auf die Verdauung der Tiere auswirkt. Bleibt der Schnee im Frühjahr auf den Bergen länger liegen, altert das junge Gras nicht so schnell.

Besonders die höheren Lagen der Alpe Kuhplatten und Vorsäß sind für das Vieh nicht ohne Tücken. Auf den mit Fels und Geröll durchzogenen Weiden geschehen immer wieder Unfälle. Auch Beinbrüche in Murmeltierlöchern sind eine Gefahr. Einer der schlimmsten Viehunfälle ereignete sich im Jahr 1952: Es hagelte derart heftig, dass alle Tiere auf dem Weideeinschlag Älpele Verletzungen davontrugen. Fast ein Dutzend Rinder stürzte ab, etliche Tiere mussten notgeschlachtet werden. Der Unglücksort wird bis heute „Fleischrise" genannt, wobei das Wort „Rise" eigentlich eine Geröllhalde bezeichnet.

Die Weiden reichen mehr als 1800 Meter hinauf und werden nach oben hin zunehmend steiler.

Pünktlich zum Viehscheid zieht die Herde wieder hinab ins Tal. Bis Anfang Oktober dürfen die Rinder noch einmal zur Nachweide auf die Alpe Heißeloch und die Alpe Hinterbach-Hof.

Ein vor wenigen Jahren bis zur Hütte Breitengehren angelegter befestigter Weg erleichtert die Bewirtschaftung der Alpe Kuhplatten und Vorsäß. Dadurch wurden zwei Esel als Lastentiere überflüssig: Sie dürfen aber weiter mit auf die Alpe.

Von den höchsten Weiden der Alpe Kuhplatten und Vorsäß am südwestlichen Ende des Talkessels reicht der Blick vom Kühblätt weit über das nördlich davon gelegene Obertal.

Eine Galtalpe mit Weiden bis knapp unter 2000 Meter hohe Berggipfel

4 BLÄTTELE

Eine Alpe, drei Namen: Die Alpe am oberen, südwestlichen Ende des Obertals nennt man in Bad Hindelang Blättele, aber auch Plättele oder Stierplatten. Zur Bedeutung dieses Namens notierte der Hindelanger Ortschronist Ulrich Scholl im Jahr 1986: „Bezeichnung einer Platte, einer ebenen Fläche die den Abhang unterbricht." 1426 wurde die Alpe wohl erstmals urkundlich genannt (weitere Erwähnungen um 1490 und 1540).

Seit 1963 ist die Alpe Blättele eine Galtalpe, die alljährlich mit mehr als hundert Stück Jungvieh besetzt wird. In den Jahrzehnten davor war Blättele als Sennalpe mit rund 70 Milchkühen und einem Stier genutzt worden. Die Milch hatte man seinerzeit noch mit dem Hornerschlitten von zwei 400 Meter höher gelegenen Hütten abtransportiert, um sie dann zu Bergkäse zu verarbeiten. Die Weiden der Alpe Blättele beginnen auf 1250 Metern und reichen bis zu 2000 Metern hinauf. Dieser enorme Höhenunterschied macht es möglich, dass während des Alpsommers in drei Stafeln – also in drei Höhenlagen – beweidet werden kann. Die Flächen der Alpe Blättele beginnen bei der tief gelegenen Vorsäß-Weide: Dort grenzt das „Plättele-Vorsäß" an die tiefer liegenden Wiesen des „Plattner-Vorsäß" an, das zur Alpe Kuhplatten und Vorsäß gehört. Darüber erstrecken sich die Weideflächen um die Blättele-Feldalpen: die 1633 Meter hoch gelegene Schönberg-Hütte am Westhang des 2007 Meter hohen Bergächtle und die auf 1730 Höhenmetern gelegene Rote-Tenn-Hütte unter dem 2088 Meter hohen Gipfel des Salobers. Das Gelände ist dort stellenweise recht tückisch: Die höher gelegenen Hänge sind steil, felsig und von Geröllrinnen durchzogen.

Im Alpsommer – von Anfang Juni bis Ende September – wird diese Genossenschaftsalpe seit 1986 von der Familie Karg bewirtschaftet. Während der Saison leben drei Generationen auf der Alpe Blättele. Der Hirte Florian Karg ist – nicht zuletzt auch wegen seines für einen Älpler atypischen Lebenslaufs – bei den Vertretern verschiedenster Medien immer wieder ein gefragter Gesprächspartner. Karg hat – zuletzt am Münchener

Alpname/Varianten:	Blättele, Plättele, Stierplatten
Alptyp:	Galtalpe
Erste urkundliche Erwähnung:	1426
Jahr der Alpanerkennung:	1911
Lage:	unter dem nordwestlichen Giebelgrat im Obertal
Eigentümer/Bewirtschafter:	Alpgenossenschaft Stierplatten
Alpmeister:	Armin Buhl
Hirte:	Florian Karg
Hirte verantwortlich seit:	1993
Weiteres Personal:	Familienangehörige
Höhenlage der Weiden:	1250 bis 2000 Meter
Nutzbare Lichtweide:	120 Hektar
Gesamte Alpfläche:	209 Hektar
Jungvieh:	118 Stück
Milchkühe:	5 Stück
Weitere Tiere:	9 Ziegen, 6 Schafe, 2 Schweine, 1 Haflinger, 1 Muli, 2 Esel
Viehscheid:	Teilnahme an kleinem Viehscheid mit Zugschellen und Kranz
Besonderheiten:	Brotzeitbetrieb, kleine Käseproduktion

Richard-Strauss-Konservatorium – Gesang studiert. 2004 entschied er sich gegen eine Laufbahn als Künstler und für die Arbeit in der Alpwirtschaft. Sein Vater Norbert Karg war auch sein Vorgänger als Hirte auf der Alpe Blättele. Er stellt (neben anderen Arbeiten auf dieser Alpe) bis heute die Butter und den Käse aus der Milch der wenigen Milchkühe auf dieser Alpe her. Bereits der Großvater von Florian Karg war Älpler

Der Giebelgrat trennt das von etlichen Zweitausendern umstandene Obertal vom benachbarten Bärgündletal. Entlang der westlichen Hänge unter diesem Gebirgsgrat erstreckt sich die Alpe Blättele mit Weiden in Höhenlagen von 1250 bis knapp 2000 Metern. Bei der Straßengabelung am Rad des Obertalbachs (im Foto am unteren Bildrand in der Mitte zu erkennen) grenzen die Weiden von „Plättele-Vorsäß" und „Plattner-Vorsäß" aneinander.

Die steilen Grashänge der obersten Weiden der Alpe Blättele erstrecken sich bis in gipfelnahe Höhenlagen von 2000 Metern.

gewesen. Die Karg'sche Älplerdynastie wird von Florian Kargs Schwester Bernadette komplettiert, die seit 2018 die Zipfelsalpe (östlich hoch über dem Dorf Hinterstein) bewirtschaftet.

Das Hauptgebäude der Alpe Blättele soll sich schon seit rund 400 Jahren an Ort und Stelle – also auf 1340 Metern Höhe – befinden. Zur Hofhütte der Alpe Blättele führt erst seit 2015 ein befestigter Wirtschaftsweg entlang des Obertalbachs – vom Giebelhaus hinauf und unterhalb der Sennalpe Laufbichl vorbei nach oben. Bis heute werden alle Hütten der Alpe Blättele ohne Strom bewirtschaftet. Nur ein Benzinaggregat versorgt die Melkmaschine, mit der die Kühe auf der Hofhütte gemolken werden, mit elektrischer Energie. Die Alpe Blättele ist während der gesamten Alpsaison gastronomisch bewirtschaftet. Gäste werden mit Brotzeiten, Erfrischungsgetränken, Kaffee und Kuchen, aber auch mit Milch von der Alpe bewirtet. Den auf der Alpe hergestellten und dort in einem kleinen Reifekeller gelagerten Käse können Gäste mit Aussicht auf die steilen Berghänge des Obertals vor der Hütte genießen oder auch gut verpackt mit nach Hause nehmen.

Die Alpe Blättele ist vom Giebelhaus aus zu Fuß in ungefähr eineinviertel bis anderthalb Stunden zu erreichen. Über den

Die Hofhütte die Alpe Blättele ist mittlerweile über einen 2015 fertiggestellten Wirtschaftsweg leicht und bequem zu erreichen.

jüngst ausgebauten Wirtschaftsweg kommt man sogar per Fahrrad oder samt Kinderwagen bequem bis zur Hofhütte. Im Internet ist das Urteil einer Besucherin zu lesen: „Eine der schönsten Alpen im Allgäu." Von der Idylle freilich sollten sich Gäste aber nicht allzu sehr täuschen lassen. Alpwirtschaft ist – hier wie auf den anderen hochalpinen Alpen in Bad Hindelang – vor allem eines: anspruchsvolle, harte Arbeit.

Ein prüfender Blick zum Himmel: Florian Karg, der Hirte auf der Alpe Blättele, muss mit jeder Witterung zurechtkommen.

Quellen

Alpwirtschaftlicher Verein im Allgäu e.V. (AVA): Alpdatei, Immenstadt 2018

Bätzing, Werner u.a.: Kulturerbe Alpwirtschaft in Bad Hindelang im Naturschutzgebiet Allgäuer Hochalpen, Augsburg 2014

Deutscher Alpenverein (Hrsg.): Alpenvereinskarte Bayerische Alpen. Allgäuer Hochalpen. Hochvogel, Krottenkopf – Wegmarkierung und Skirouten. 1:25 000, 2013

Kluger, Martin: Bewerbung um die Aufnahme in das Verzeichnis des Immateriellen Kulturerbes in Deutschland, Augsburg 2015

Marktgemeinde Bad Hindelang: Panorama Wanderkarte mit Radtouren, o.J.

Ringler, Alfred: Alm- und Alpwirtschaft in Bayern, Hrsg. Bayerisches Staatsministerium fur Ernährung, Landwirtschaft und Forsten, München 2010

outdooractive Kartografie, Alpstein Tourismus GmbH & Co. KG (Hrsg.): Meine Touren. Wandertouren, Bergtouren und Klettersteige im Naturschutzgebiet Allgäuer Hochalpen. Maßstab 1:30.000, 2014

Scholl, Ulrich: Aus der Geschichte des Ostrachtales, 2 Bände, Bad Hindelang 1986

Stankowski, Martin: Bauen am Berg – Die Alpen des Landkreises Oberallgäu, Lindenberg 2003

www.unesco.de/kultur-und-natur/immaterielles-kulturerbe/immaterielles-kulturerbe-deutschland/bundesweites-52, letzter Zugriff: 06.08.2018

www.unesco.de/kultur/immaterielles-kulturerbe/bundesweites-verzeichnis/register-guter-praxisbeispiele/hochalpine-allgaeuer-alpwirtschaftskultur-in-bad-hindelang.html, letzter Zugriff: 06.08.2018

sowie zahlreiche mündliche Auskünfte von Alpbetreibern und Hirten

Hinweise: Die zu den 46 Alpen von Bad Hindelang gelieferten Daten beziehen sich auf das Jahr 2018. Die Namensschreibweise der Alpen (jeweiliger Titel) entspricht der Schreibweise in der Alpdatei des Alpwirtschaftlichen Vereins im Allgäu e.V.

Dank

Adalbert Martin, der 2018 verstorbene Erste Bürgermeister der Marktgemeinde Bad Hindelang, hat dieses Buch mitinitiiert.

Die Marktgemeinde Bad Hindelang und der context verlag Augsburg danken allen, die an der Entstehung dieses Buches mitgewirkt haben. Dieser Dank gilt insbesondere Prof. em. Dr. Werner Bätzing (Universität Erlangen-Nürnberg), den Eigentümern und Betreibern der 46 Alpen von Bad Hindelang sowie ihren Familien, Oberalpmeister Leonhard Bellot, Alpbetreiber Florian Karg, Hans Atzberger (Vorsitzender Wald- und Weidegenossenschaft – Obere Gemeinde), Geschäftsführer Dr. Michael Honisch und Petra Breuer (Alpwirtschaftlicher Verein im Allgäu e.V.), dem Bad Hindelanger Gemeinderat und Tourismusbeirat sowie Tourismusdirektor Maximilian Hillmeier und den Mitarbeiterinnen und Mitarbeitern von Bad Hindelang Tourismus, insbesondere Philipp Zint sowie Stephanie Keck, Maria Schwarzmann und Virginia Hätscher. Wir danken ganz besonders allen am Buch beteiligten Fotografen. Unser Dank gilt zudem Verlagsleiter Peter Fuchs (Eberl Medien).

Für den Umschlagtext „Alpgefühl" danken wir Cornelia Beßler (Trägerin des Kulturpreises des Landkreises Oberallgäu).

Mit freundlicher Unterstützung durch:

context verlag Augsburg
www.context-mv.de

Gefördert von:

Impressum

Kühe. Menschen. Berge.
Die 46 Alpen von
Bad Hindelang im Allgäu.
Immaterielles Kulturerbe in Bayern
context verlag Augsburg
www.context-mv.de

Herausgeber:
Marktgemeinde Bad Hindelang
ISBN 978-3-946917-09-0
1. Auflage, September 2018

Konzeption und Redaktion:
Martin Kluger

Einführung:
Werner Bätzing

Redaktionelle Mitarbeit:
Leonhard Bellot, Florian Karg, Sophia Heine, Thilo Kreier, Friedhelm Porzelt, Maximilian Hillmeier, Candida Sisto, Lea Niesler

Fotografie:
Die Bildrechte für sämtliche Aufnahmen liegen bei der Marktgemeinde Bad Hindelang mit Ausnahme von
Hans Atzberger, S. 55 (1/u.)
Lena Behrendes, S. 73 (1/o.)
Martin Kluger, S. 72 (2/o.), S. 121
Friedhelm Porzelt, S. 119 (2)
Tobias Zint, S. 57
Wikipedia/Guido1465: 154 (1/u.l.)

Grafische Produktion:
concret Werbeagentur GmbH, Augsburg
www.concret.cc

Umschlaggestaltung:
Thomas Leberle

Druck:
EBERL PRINT GmbH,
Immenstadt i. Allgäu

Bibliografische Information
der Deutschen Nationalbibliothek:

Die Deutsche Nationalbibliothek verzeichnet diese Publikation in der Deutschen Nationalbibliografie; detaillierte bibliografische Daten sind im Internet über http://dnb.dnb.de abrufbar.

ISBN 978-3-946917-09-0